王思為・著

公民投票制度

與國際間公投案例

目　次

結論

公民投票簡介

第一章
民主與公民投票的概念

一、民主政治中人民如何做主

　　政治乃眾人之事，而民主政治就是「眾人的事交由眾人自己來治理」。美國總統林肯在蓋茲堡演講當中所揭櫫的「民有、民治、民享」（government of the people, by the people, for the people）之理念，指涉的就是民主政治。法國總統戴高樂則認為「民主是人民不受到阻礙地行使主權的統治」[1]。簡言之，民主政治乃一種「人民做主」的

---

[1] "La démocratie, c'est le gouvernement du peuple exerçant la souveraineté sans entrave." 戴高樂顯然受到人民主權的觀念影響甚深，他也曾經說過 "La parole est au peuple. La parole du peuple, c'est la parole du souverain."（擁有發言權的是人民，當人民說話時，就是主權在說話）而所謂人民的說話，就是透過公民投票的程序展現人民的總意志

政治與社會體制，透過全體人民的共同參與，實現符合大多數人民期待的治理與生活方式。

　　而所謂「由眾人自己治理」則可區分為兩種模式：一種是眾人透過定期舉辦的民主選舉，推舉出一定數量的代理人，委託這些代理人代為行使管理權力的「間接民主」模式；另一種則是不經由其他代理機制，而由眾人自己行使管理自己權力的「直接民主」模式。「間接民主」為目前世界上最普遍的代議政治，人民利用政府所定期舉辦的公開選舉推選出代議士進入政府，代替人民行使管理的權力；「直接民主」則是人民透過全體參與投票的方式[2]，直接行使政治的權力，由人民集體決定公共事務的走向，實現自己管理自己的「民治」（by the people）理想。

　　代議政治雖然為當今各國政府的運作常態，但是代議政治與直接民主兩者之間並非互相排斥的運作機制，在成熟的民主政體當中，兩者應當是彼此配合、相輔相成，且並行不悖的運作。在代議政治中，假使中央政府體制是偏

（la volontée générale），亦即主權的表現。
[2]　絕大多數的情況是採取公民投票的方式，匯集全體人民的意志做出最終決定。

向內閣制的設計，則人民選出一定數額的民意代表進入國
會，接著再由國會中以政黨（或政治光譜）的席次多寡進
行執政政府的籌組工作；如果是偏向總統制的設計，則
由選民選出需要對選民負責之代表行政權的行政者統籌
執政、以及代表立法權的民意代表負責監督，並藉由行
政與立法兩權之間的彼此牽制達到權力之間相互抗衡的效
果。然而無論是何種傾向的中央政府體制，一旦在人民選
出代表的那一刻起，所謂的「法定民意」隨著選舉結果出
爐的那一刻起便不會再更新，直到下次選舉的時候才會再
度替換最新的「法定民意」。換言之，在代議政治裡，兩
次選舉之間的人民意向變化究竟為何，是不容易拿捏得準
的[3]。

　　雖然政府的政策方向或施政目標可能隨著民意的好惡
與走向不斷地調整、修正，然而即便是一個理想的政府能
夠儘量地傾聽民意、配合民意，並受到人民的信賴與肯
定，不過它所擁有的、法定的民主正當性基礎畢竟還是

---

[3]　即便當今已經發展出相當成熟的民意調查機制作為了解民情的社會科學輔
　　助工具，但是民意調查的結果至多還是僅能提供政府參考使用，無法取代
　　選舉結果。

源自於上一次的選舉結果，人民並未透過任何較新的法
定程序再次批准該政府的施政作為；相反地，假使有一個
背離民意的政府，既不願意貼近民意，也不願意調整不受
歡迎的政府政策、一意孤行，即便這個政府受到人民的厭
惡，它也依然保有源於上一次選舉民主正當性基礎，人民
除非透過罷免程序將政府官員或民意代表解職，否則只能
等待到下次選舉時才有辦法換上另一個新的政府及代議
士[4]。

二、直接民主與間接民主

　　直接民主與間接民主兩者之間的關係應該是相輔相
成，彼此互補增色的。一個理想的民主體制應當是以間接

---

[4] 基本上，代議政治意味著在兩次能夠影響政權交替的選舉中間，執政的政
府享有一定的權力保固期，也就是執政權的位子並不會受到來自於人民的
直接威脅。對於維持政治的穩定性而言，這固然是代議政治的優點，不過
從另一個人民作主的觀點來看，這個制度上的穩定卻同時也可能是代議政
治的缺點。縱使在多元、開放、自由的民主社會裡陸陸續續地出現了許多
促進民主機制運作更為完善的管道，例如各式各樣的新聞傳播媒體，還有
形形色色、在各項議題上對政府形成壓力的公民團體等等，不過原則上仍
難以產生對於執政者有著關鍵性的撼動力量。

民主為主，直接民主為輔；平常的政治運作透過間接民主維持效率，直接民主僅在必要時介入，由全體人民決定重大之公共事務。一般來說，直接民主介入的時機可分為「強制性」（mandatory）與「選擇性」（optional）；所謂的「強制性」的直接民主是在政治制度上先行規定若干特定類之議題乃屬於直接民主的範疇，因此一旦涉及此類議題之重大政策決定時，直接民主的機制便會自動啟動，取代間接民主的決策權；例如很多國家在涉及憲法修正案時必須交由公民投票決定即屬之；至於「選擇性」的直接民主是將公民投票視為最終決策產出的可能路徑之一，由於直接民主並非絕對必要之程序，往往可由政府機關決定是否讓直接民主介入，例如法國與愛爾蘭的總統對於若干議題擁有發動公民投票的恣意權限；抑或者是由人民連署提案，當滿足規定門檻時便可交由政府舉辦公民投票，例如瑞士與義大利。

由於直接民主所具有全體總動員（general mobilization）的政治特性，啟動時往往會引發一個國家的政治高潮或者造成社會對立，因此不宜過於頻繁使用，最好要有符合該民主政體的合宜門檻加以過濾，以避免公民投票制度遭到

濫用，甚或落入民粹對抗的反民主陷阱。然而此處所謂公民投票舉辦次數的頻繁與否，實際上與該民主政體的成熟度、該國的社會特質及政治傳統、與其關鍵性選舉的舉辦頻率等諸多因素有著高度相關，難有簡化的單一標準，無法一概而論。

　　不過對於直接民主應當介入的時機，吾人可以提出下列幾項觀察點：

　　（一）國家重大議題，尤其是涉及社會對立的敏感議題，透過代議制度所得出的結果無法讓失敗方所信服接受時[5]；

　　（二）政治僵局持續進行，無法獲得解套方案時；

　　（三）當間接民主一旦發生功能不彰的情形，甚至已經接近失靈的時候[6]，直接民主不失為救濟間接民主的最佳方式。

---

[5] 這種情況通常也代表了代議制度的先天設計缺陷，或許是黨派紀律的約束，或許是各種利益的糾葛，總之造成了無法充分且有效地反映民意的結果。

[6] 譬如民意通道被政黨挾持，政黨利益高於民意時。

三、直接民主與公民投票

英文中指涉公民投票可用plebicite, referendum, popular initiative。原本這幾個單字之間的意義並無太大差異，然而歷史的經驗顯示有時政治人物（通常是執政的政治強人）在舉辦公民投票時會將人民對於某特定事件的支持移轉到對於特定人士的支持，這種作法等同是利用公民投票的途徑強化其職務正當性；此時公民投票的本質意義隨即產生轉換，將公民投票的最初設計是屬於「對事不對人」，單純討論由全體人民決定某項重大議題之民主程序異化成為「對人不對事」的另類選舉，藉此強化政治人物的統治權，扭曲了公民投票的原始意義，也讓人民做主的意義全然被抹煞，無異是另一種對於人民權力的嘲諷。

上述的異化現象形成了將公民投票在實質運作上成為在非選舉期間對於執政者給予新的民意授權，轉換成為針對政治強人的再選舉，此時的公民投票的徵詢目的並不是真正地想要徵詢人民在政治上想要得到什麼具體答案，而是徵詢人民想要誰來接任某項職務，人民作主的理想此時

僅僅淪為幻影一場。

　　在法國的歷史上，拿破崙透過公民投票將國家由共和體制改變成為帝制，人民的權力地位不升反降，在公民投票行使的結果底下人民被「反主為客」地從權力結構上被翻轉過來，這使得當時所用的plébicite一詞被蒙上一層汙名化的陰影，因此法國後來的公民投票多改用réferendum來取代plébicite，乃因plébicite在歷史上在某種程度上有著因人設事的負面印象。不過，在其他國家因為對於plébicite的歷史記憶與法國不同，因此對於公民投票的語詞使用上，則不一定有著如此明顯的區分。

第二章
公民投票之定義與類型

一、公民投票之類型

「所謂公民投票是指人民對憲法、一般法案或政府之決策，有提議表示意願，或投票決定是否同意之權」[1]。法國法學教授Francis Hamon則更詳細地將公民投票定義為：依照既定的法規，對於具有實質內容的問題，透過每一位公民所各自獨立判斷而決定出結果的程序，無論該結果是屬於諮詢性或是決定性的[2]。易言之，將公共事務的最終決定權交付給人民的法定制度，謂之公民投票。

---

[1] 謝瑞智，比較憲法，1992，台北：地球。

[2] Francis Hamon, *Le Référendum - étude comparative*, 2e éd., Paris, L.G.D.J., 2012.

　　因為必須藉由全民的參與而決定，由此可知公民投票是一種屬於直接民主的形式。它係由政府或人民發動，請求全體選民透過直接投票的方式，表示接受或者拒絕某項提案；該項提案可能是通過一部全新的憲法，憲法修正案，法律案，罷免民選官員，或是特定的政府政策。

　　一般來說，公民投票可分為「公民創制」與「公民複決」兩種類型。

　　「公民創制」是由人民主動提出議案並加以投票決定，之後送交立法機關將其制定成為法律，或由政府制定成為政策；亦即一國人民透過公民投票的方式，由人民行使「直接立法」權力的直接民主程序。該權力可以是通過國家憲法條文，或是涉及公權力的法律制訂，抑或可能是政府的政策。換句話說，不透過由人民所選舉產生的政府或民意代表機關，而是由全體人民[3]行使直接民主的方式決定憲法、政府的法律或者公共政策，暫時取代代議政治管道的全民參與制度，乃是公民創制。

　　「公民複決」則是人民對於政府正在商議中的憲法、

---

[3]　當然，此處所謂的「全體人民」所指涉的並非真的是在一個國家之中或是一個地區裡面的「每一位人民」，而是指具備選舉投票權的公民。

法律草案或修正案，政府所簽訂之對外條約，或是已經由立法機關通過的法律案，抑或是政府的決策以全民投票方式表達贊成與否的權利。也就是人民對於國家重大議題具有最終把關權力的制度，謂之「公民複決」。

「公民複決」除了由法律所規定某些具重要性或者特殊性議案必須交由人民複決之外[4]，此外，特別值得注意的是公民複決的制度設計往往會與一個國家的憲政制度設計有著相互連動的模式，例如在瑞士的共識型民主運作當中並無倒閣權的設計（亦即國會少數黨沒有提出不信任案的權力），所以假使有一項經由國會通過的法案並不受到人民歡迎與支持的時候，那麼唯有透過人民主動連署提案，用公民投票對於該法案進行複決，該法案才有機會否決，因此我們也可將之視為是一種屬於人民對於國會的否決權。

公民投票若依據不同的區分方式，可以有下列數種分類方式：

---

[4] 例如中華民國憲法增修條文第一條規定：中華民國自由地區選舉人於立法院提出憲法修正案、領土變更案，經公告半年，應於三個月內投票複決。

公民投票若依投票範圍區分，則有全國性公民投票（National referendum），以及地方性公民投票（Local referendum）。全國性公民投票的參與者為全國選民，而地方性公民投票的參與者則為地方行政區的選民。

公民投票若依投票的法律約束效力區分，則有強制性公民投票（Binding referendum），以及諮詢性公民投票（Consultatif referendum; Non-binding referendum; Indicative referendum）。政府必須遵守強制性公民投票的結果，然而諮詢性的公民投票結果對於政府並不具備強制約束力，僅供政府做為施政參考之用。不過即便是屬於沒有強制力效果的諮詢性公民投票，仍然會對政府產生相當的政治壓力。

公民投票類型若依照投票內容區分，則有以下各個不同種類的公投：

（一）法層次：憲法修正、一般法律修正等涉及修改法律相關的議題；

（二）道德層次：涉及價值觀改變或者是社會傳統認知的改變，甚至有時會牽動宗教教義或宗教信

念的議題，例如同性戀婚姻、墮胎合法化、安樂死；

（三）國家走向或是主權相關：如加入（或者脫離）歐盟、採用歐元、加入聯合國；

（四）其他改革議題：國有企業民營化、對於企業高階主管設定薪資上限、對於外來移民採取限制等。

若依據是否增加人民影響力來區分，學者Gordon Smith 把公民投票分成兩類，「控制的對非控制的」（controlled vs. uncontrolled）跟「支持支配的對反對支配的」（pro-hegemonic vs. anti-hegemonic）[5]。如果政府能夠決定公民投票是否舉行、何時舉行，以及議題表決的內容，則稱之為被「控制的公民投票」。如果公民投票是由人民的創制權所發起，則此種公民投票可被界定為非控制的。

---

[5]　當代民主政治與類型，A. Lijphart，陳坤森譯，台北：桂冠，1993。

二、公民投票的命題限制與題目設計

大多數國家會針對公民投票議題進行限制，譬如涉及租稅、預算或是公務員的人事案往往不能被列為公民投票題目。不過上述限制並非一成不變的定律，例如瑞士對此就不加以限制，因為瑞士憲法上就明定若干稅率，此時只要透過憲法修改就會涉及租稅法律的變更，因此不在此限。

在大多數的情況下，公民投票的命題設計以儘可能單純化為優先考量，所以通常每一項公民投票案所提供的選項基本上只有「贊成」與「反對」兩樣彼此對立的立場，參與投票的選民也只能從「贊成」與「反對」的兩個選項當中擇一，或者是投下無效票。截至目前為止，絕大多數國家的公民投票都是採用這種正反詰問的問題設計模式，選民投贊成票就表示接受、投反對票則表示拒絕。

不過也有若干國家會視公民投票議題的情況而定，採取類似「選擇題」的方式進公民投票問題設計，此種公民投票類型被稱之為「多重選項公民投票」（multiple choice referendum），例如瑞典曾經分別在1957年和1980年舉行擁有三個選項的公民投票，澳洲也曾在1977年的新國歌公民投票中便提出四個選項任由選民擇一。紐西蘭則在2015年11月20日至12月11日之間，對於是否採用新國旗舉辦第一輪的通訊公民投票，此公民投票問題的設計是「如果要變更紐西蘭國旗，您偏好哪一面旗子？」（If the New Zealand flag changes, which flag would you prefer ?）[6]，其中提供五個不同的新版國旗樣式讓選民決定；根據第一輪的投票結果，挑選出獲得最多票數的新版國旗樣式，然後再於2106年的3月3日到24日進行第二輪通訊公民投票，讓選民由第一輪所選出的新版國旗樣式與現行國旗樣式當中兩者擇一，選出最終的國旗樣式[7]。

有些時候公民投票設計甚至可能是連動式的問題設計，也就是說選民在進行公民投票時所決定的問題不只一項，並且這些問題之間彼此有著前後相連的緊密邏輯性；像是在同一次的公民投票選舉中不僅同時讓選民決定

---

[6]　請參見紐西蘭選委會網站。

[7]　最後仍是由現行的紐西蘭國旗以 56.6% 選票勝出，因此國旗樣式維持不變。請參見紐西蘭選委會網站。

要不要接受現狀改變，並且連同假使多數選民認為現狀應
當改變時，接下來該改採用何種新的制度做為相關配套措
施。此類公民投票的複雜性相較於其他類型的公民投票
就來得高出許多。例如2011年11月26日紐西蘭大選時曾合
併舉辦選舉制度改革的公民投票[8]，題目的設計分為兩階
段，第一階段的問題先詢問選民「紐西蘭是否要維持混合
比例制的投票制度？」（Part A - Should New Zealand keep
the Mixed Member Proportional(MMP)voting system？）第
二階段才讓選民從四種選舉制度中擇一，題目是「假使紐
西蘭要變更選舉制度，您選擇哪一種投票制度？」（Part
B - If New Zealand were to change to another voting system,
which voting system would you choose？）選民必須從下列
四項不同的選舉制度挑選出一種：

（一）簡單多數制（FPP - First Past the Post）

（二）選擇投票制（PV - Preferential Voting）

（三）單記可讓渡投票制（STV - Single Transferable
　　　Vote）

---

[8]　請參見紐西蘭選委會網站。

（四）補充制（SM - Supplementary Member）[9]

從紐西蘭的例子來看，公民投票是全體選民被同時召喚要針對特定公共事務的議案進行裁決，因此無論是單一選項或是多重選項，都是可以透過公民投票決定的。

然而，與單一選項的公民投票相比，「多重選項公民投票」可能衍生的問題是倘若沒有一個選項獲得絕對多數（超過半數）的選民支持時，該如何決定由哪個選項勝出？又如果都未能獲得超過半數的領先選項彼此之間的差距甚小的時候，該選舉結果的正當性是否足夠？此時就必須透過公民投票的投票機制設計來解決以上問題，弭平可能出現的爭議。不過這些問題係屬於單純的選務技術性問題，並不會影響到公民投票本身的實施與最終效力。

---

[9] 該次公民投票的最終結果在第一階段的問題中，有 **56.17%** 的選民支持維持混合比例制，因此仍然維持現行選制不變。

第二章　公民投票之定義與類型

國際公民投票制度案例

第三章
法國公民投票制度

La politique fut d'abord l'art d'empêcher les gen de se mêler de ce qui les regarde.

A une époque suivante, on y adjoignit l'art de contraindre les gens à décider sur ce qu'ils n'entendent pas. Ce dernier principe se combine avec le premier.[1]

～Paul Valéry

　　源自於盧梭的人民主權思想傳統[2]，法國是世界上最

---

[1] 「政治最早是防止人們插手與他們自身相關事務的一門藝術；在後來的年代中，還加上了阻擋人們去決定他們所不懂的事情。後面這項原則與前項是相結合的。」

[2] "Toute loi que le peuple en personne n'a pas ratifiée est nulle ; ce n'est point une loi." Jean-Jacques Rousseau, *Du contrat social*, CHAPITRE XV. 盧梭在社約論第十五章當中強調，所有未經人民本身批准的法律是無

早使用公民投票方式決定公眾事務的國家之一。

　　一七九三年六月二十四日的制憲公投[3]為法國第一次的公民投票經驗，這也讓法國躋身於公民投票啟蒙國家的行伍之中，不過因為後來受到一連串扭曲民主的歷史事件影響所致，使得目前法國社會對於指涉公民投票時所使用的字彙在定義上與其他國家的習慣稍微有些不同；法國一般對於公民投票一詞偏好使用「référendum」，而比較不喜歡使用「plébiscite」[4]，原因在於後者在法國歷史上已被蒙上一層揮之不去的「因人設事」之負面意涵，如同實際發生在拿破崙一世（Napoléon Bonaparte）與其姪子拿破崙三世（Louis-Napoléon Bonaparte）藉由公民投票將共和國轉換成帝國的例子[5]，執政者藉由操作公民投票的手

效的，那些並不能被視為法律。

[3]　該部憲法雖然經公民投票通過，但卻從未施行。

[4]　相較於在其他國家中 referendum 與 plebiscite 兩者的意義上並不具有本質上的差異，原則上是可以交互使用的做法，法國顯得對 plébiscite 一字的既定印象便是負面的。因此目前在法國的學界或是政界每當討論到公民投票時，都是用 référendum 一字。

[5]　Napoléon Bonaparte 拿破崙一世在 1799，1802，1804 與 1815 年分別舉辦公民投票；Louis- Napoléon Bonaparte 拿破崙三世在 1851，1852 與 1870 年舉辦公民投票。

段而將人民所賦予的高民意支持度轉化成為替國家領導人量身訂作的擴權用途，等同於是將公民投票扭曲成達成個人權力慾望目的的民粹手段。

　　面對此段法國所經歷過的民主倒退插曲，學者Georges Burdeau認為在民粹式的公民投票民主（la démocratie plébiscitaire）裡，公民投票一事不僅往往被國家元首當成通往權力巔峰的道路，同時也是一項政府強化控制的政治工具。在這種社會體制底下，人民經常被政府透過公民投票徵詢意見，只不過舉辦這些公民投票的背後意涵其實並不是真正地想要徵詢人民在政治上想要得到什麼，而是徵詢人民想要誰來任職（on ne lui demande pas *ce* qu'il veut, mais *qui* il veut.）[6]。在這種被扭曲公民投票的設計當中，人民的選項變成只有在選擇執政者與混亂局面兩者之中擇一，公民投票儼然變成一種人民幫執政者強力背書的工具而已，Bernard Chantbout教授形容這種公投是摧毀民主體制的權力謊言[7]，直接民主的意涵全然被抹煞。

---

[6]　Georges Burdeau, *La démocratie,* Paris, Seuil, 1966.

[7]　Bernard Chantebout, *Droit constitutionnel*, 29e éd., Paris, Sirey, 2012.

也正因為這段帝國時期將公民投票的操作被汙名化[8]，導致了後來法國政府對公民投票採取十分保留的態度，也使得公民投票在法國沉寂超過半個世紀以上（一八七〇至一九四五）；一直要等到戴高樂時代才又在他的堅持底下讓法國重新拾回公民投票傳統[9]，特別是在一九五八年九月二十八日第五共和的制憲公民投票[10]通過之後讓共和國直接從人民手裡取得統治正當性[11]，同時也確立了於新憲法本文中將公民投票賦予除了制憲以外，在第五共和下同時具有決定國家大政方針與公民投票立法的功能，重新將人民納入決策參與的過程，藉此活化公民投票

---

[8]　*ibid.*

[9]　在二次世界大戰後，1945 年 10 月 21 日法國人民以公民投票同意建立臨時政府，結束第三共和（此為法國史上第一次女性參與公民投票）；其後在 1946 年 5 月 5 日的制憲公民投票遭到否決之後，同年 10 月 21 日才又以公民投票通過第四共和憲法，進入第四共和的時代。見 Marcel Morabito, *Histoire constitutionnelle de la France (1789-1958)*, 9e éd., Paris, Montchrestien, 2006.

[10]　制憲公民投票題目為「您是否贊成政府所提交之憲法？」(Approuvez-vous la Constitution qui vous est proposée par le Gouvernement de la République？)

[11]　Gérard CONAC, "Les débats sur le référendum sous la Ve République", in *Pouvoirs*, n 77, avril 1996.

的意涵。雖然戴高樂在擔任總統期間，數度援引公民投票進行國家改革的方式曾經引起相當激烈的論戰，法國社會也有人對戴高樂的作法是否違憲提出質疑[12]，不過他也以個人職務去留作為公民投票成敗的賭注，將他自己所提交的公民投票當成對總統的信任投票看待[13]，並在一九六九年的參議院改革公民投票遭到否決之後隨即於隔天辭職下台[14]。這些饒富戲劇性的變化與轉折，讓法國的公民投票經驗顯得更加獨特，並頗有值得令人玩味與深究之處。

一、公民投票的意涵

公民投票是全體選舉人對於某項涉及公眾利益的問題

---

[12] 戴高樂總共四度提出公民投票，並且每次都先於憲法中規定政府（總理）向總統建議公民投票案之前就逕自宣布。戴高樂的用意在於向人民強調提交公民投票是總統的決定，而不是政府（總理）所提的主張。

[13] 法國第五共和憲法中並無總統需於公民投票遭否決後辭職下台的相關規定。亦即公民投票並非總統的信任投票，等於在某種程度上也是要區分 plébiscite 與 référendum 的不同。

[14] 該公民投票被稱為戴高樂的自殺公民投票（référendum-suicide），見 Jean-Jacques Chevalier, Guy Cacassonne et Olivier Duhamel, *Histoire de la Ve République 1958-2007*, 12e éd., Paris, Dalloz, 2007.

或議案所進行之直接投票。然而如同前面所述，如果公民
投票的referendum不幸淪為plebiscite時，那麼將會對民主
造成無比的危害。理論上，referendum與plebiscite兩者是
很容易區分的：倘若人民的選票是針對問題本身的答案進
行回應，那麼就屬於referendum；倘若人民的選票是針對
提出該項問題的作者進行回應，那麼就屬於plebiscite[15]。
但是在實務上，如果提出公投案的不是國會，而是由總統
主動提出時，則難以清楚區分公投問題與其提案人的意
圖。總而言之，有利於提出公投案的執政者擴大其權力及
延長任期時，或是將權力朝執政者身上集中化的操作，即
為plebiscite，若否，則為referendum。

　　此外，公民投票並非一般抽樣式的民意調查，公民投
票是一種全面性的人民意志法律諮詢，所有的選舉人都
可以透過公民投票程序參與意見表達，展現盧梭（Jean-
Jacques Rousseau）所言的人民總意志[16]；另一方面，
Manin認為現在已經進入了「公眾民主」（démocratie du

[15] Pierre Pactet, *Institutions politiques, Droit constitutionnel*, 22e éd., Paris, Armand Colin, 2003.
[16] 或謂「公意」（la volonté générale）。

public）[17]的時代，輿論及個人意見對於政治決策的影響
儼然成為主要的關鍵因素，因此以公民投票手段作為決定
政治走向的方式不但合乎當前潮流，而且也會是未來大勢
之所趨。或者我們可以大膽地說，公共民主的目的必須要
透過公民投票民主的方式加以完成，所以吾人觀察到有愈
來愈多的國際組織強調公民投票民主的重要性[18]。法國當
然也不自外於這股民主潮流，對於公民投票的實踐與相關
立法亦能夠與時俱進，因此在二〇〇八年七月二十三日的
修憲中新增加了人民有資格主動參與公民投票案提出的新
規定[19]。

---

[17] Bernard Manin, *Principes du gouvernement représentatif,* Paris,
Flammarion, 1996.

[18] 例如歐洲理事會（Conseil de l'Europe）於 1990 成立了 The European
Commission for Democracy through Law（Venice Commission），目的
即在強化憲政、公民投票等民主深化的價值與工具應用。

[19] 雖然公民投票提案的方式須先經過國會議員的五分之一提案之後，再由超
過十分之一的選舉人連署才能成案，而不是直接由達到一定人數門檻的選
舉人連署後即可提出公民投票案，但在法國具有國會至上傳統的憲政制度
中，此項新的規定已屬創舉。

二、公民投票相關法源

　　總的來說，與公民投票相關的法律分別分佈於憲法與一般法律之中：在憲法層次有憲法第三條、第十一條[20]、

---

[20] 憲法第十一條：「於國會開議期間，總統在經由政府或是國會兩院聯合提議，並經政府公報公布後，得將凡涉及公權力架構之調整、涉及國家經濟、社會或環境的政策改革、公共服務改革、或是對於不違憲但影響憲政架構運作之條約批准的法律草案交付公民投票。

　　若公民投票是由政府提出時，則應在國會兩院中分別進行報告並進行答詢辯論。

　　若公民投票的議題涉及本條文第一項當中所規定之事項時，得由國會五分之一的成員提出，並經十分之一的選舉人連署後提出公民投票案。此公民投票案的形式為國會所提出之法律草案，並不得廢止公布施行尚未滿一年之現行法律。

　　憲法委員會依相關組織法審理上述法律草案之提出。

　　若上述法律草案未在相關組織法規定的期限內經兩院審議，總統應將該法律草案交付公民投票。

　　若該草案未獲法國人民同意通過，則相同主題之公民投票提案不得於公民投票日起計算之兩年內再度提出。

　　若政府版或國會版的法律草案經公民投票通過，總統於公民投票結果公布十五日內公布該法律。」

　　簡單地說，即是涉及國家發展重大方針或基本政策的變革，總統都可以決定是否透過公民投票徵詢法國人民對於該議題的意向。不過也因為這是一項由總統所單獨提出的公民投票，因此一旦公民投票遭到否決，也等於是宣告總統的該項政治決定有著重大錯誤，所以也是對總統的變相信任投票。

第八十九條、第八十八之五條；在一般法律層次則有一九五八年十一月七日「憲法委員會組織法」（Ordonnance No. 58-1067 du 7 novembre 1958 portant loi organique sur le Conseil Constitutionnel）以及一九九八年十月五日「關於向憲法委員會提出公民投票結果申訴之規定」（Règlement applicable à la procédure suivie devant le Conseil Constitutionnel pour les réclamations relatives aux opérations de referendum）。

　　法國的一九五八年憲法雖然在第三條第一項當中明白揭櫫行使公民投票是人民的權利：「國家主權屬於人民，經由代議士或透過公民投票方式行使之。」但因為國家主權除了公民投票方式以外亦可透過國會行使，所以法國第五共和的政治體制可被視為是一個人民主權與國會主權所混合組合而成；再加上憲政運作傳統裡的國會至上觀念，導致了在第五共和憲法的其餘條文中皆有意或無意地對於公民投票的行使有所保留，而非鼓勵公民投票的廣泛使用[21]－這個趨於保守的制度限制使得法國在第五共和之

---

[21] Michel de Villiers, *Dans quels cas la constitution prévoit-elle des référendums*? 請參見法國憲法委員會網站。

下的全國性公民投票次數至今僅有九次（一九五八年的制憲公投不納入計算）。

　　至於憲法第十一條則是引發最多爭議的部分，此乃戴高樂總統於一九六二年首度援引第十一條條文進行修憲時曾經掀起法國社會的軒然大波之故[22]。由於憲法條文已經規定修憲程序應當在第八十九條之下進行，因此這項修憲公民投票在當時被有些學者認為是違憲的做法，也導致了當時法國憲法學界在該議題上的激烈辯論。不過戴高樂本人認為把修憲草案直接提交給人民裁決，讓人民自己決定是否將共和國總統產生方式由憲法中原先規定的間接選舉改為直接普選，這項舉動等於是將「最後一句話（做出最終決定）」（avoir le dernier mot）的發言權交還給人民，亦即讓主權者自己作決定。戴高樂之所以如此操作的原因，一方面是他始終認為如果國會與人民的意見相左時，國會與人民之間的衝突應交由人民做最後決定[23]；另一方面也是因為憲法第十一條的規定確實賦予總統若干

---

[22] "La loi, expression de la compétence législative du Parlement"，請參見法國國民議會網站。

[23] Gérard CONAC, "Les débats sur le référendum sous la Ve République", in *Pouvoirs*, n 77, avril 1996.

解釋上的模糊空間（涉及公權力架構調整的事項時，總統有權將此提案交付公民投票決定，然而公權力架構的調整則幾乎不可能不觸及憲法相關規定），況且當時如果不將國會排除在修憲程序之外，則此項修憲案過關的機會可說是微乎其微；因此戴高樂刻意避開國會的阻撓，直接訴諸人民的作法在當時雖然引起眾多批評聲浪，認為有拿破崙獨裁時代再起的疑慮，但時至今日，學界則普遍認為將總統改為人民直選是法國「半總統制」（régime semi-présidentiel）成型的一項重要關鍵。不過成也蕭何，敗也蕭何，一九六九年四月二十七日的參議院改革及省級行政區（région）創設之公民投票同樣援引憲法第十一條，此公投案卻被法國民眾以52,41%反對比率遭到否決，戴高樂隔日立即辭職下台以示負責。

由於戴高樂之後的歷任總統皆不願以自己的總統職務作為公民投票議案未過關的擔保品，故而皆儘量避免將公民投票與人民對總統的信任投票兩者之間劃上等號，所以再也沒有總統願意冒險援引憲法第十一條作為修憲的管道[24]；此外，最高行政法院於一九九八年十月三十日的

---

[24] 至今的九次公民投票其中有八次是依據憲法第十一條所提出，但並非全部

判決中[25]，將「立法公民投票」（référendum législatif）與「制憲公民投票」（référendum constituant）兩者分別依據憲法第十一條與憲法第八十九條進行清楚地區分，因此關於憲法第十一條進行修憲使用的相關爭議自然而然地就消聲匿跡[26]。

憲法第八十九條第二項規定憲法修正案經公民投票同意後通過，不過八十九條第三項卻規定總統亦得召開國會兩院聯席會議審查該憲法修正案，經全體國會議員之五分之三同意後通過。換言之，一旦透過國會兩院聯席會議同意就無第二項裡規定舉辦修憲公民投票的必要。然而要特別注意的是，上述情形發生的前提必須是該憲法修正案為政府方面所提案，假如是由國會兩院提出憲法修正案時，則仍然必須交付人民公民投票決定通過[27]。如此才符合憲法法理的邏輯。

都是修憲公民投票，這點差異需加以區別。

[25] Conseil d'Etat, 30 octobre 1998, Sarran et Levacher, AJDA 1998.

[26] Pierre Pactet, *Institutions politiques, droit constitutionnel*, 22e éd., Paris, Armand Colin, 2003.

[27] 因為如果是國會兩院自己所提出的修憲案，又再度經過兩院聯席會議通過時，則第二次的兩院聯席會議便顯得多此一舉、毫無意義可言。

又，憲法第八十八之五條規定當歐洲聯盟有新會員國加入時，總統需提交公民投票決定是否授權政府批准該項新會員加入的歐盟條約。同樣地，公民投票的管道並非唯一選項，另一個歐盟條約批准的路徑是經由國會兩院分別以超過五分之三的議員通過相同文字的政府法律草案（projet de loi）。

三、公民投票制度設計

公民投票規範

法國的公民投票權明訂於憲法之中。憲法第三條：「國家主權屬於人民，經由代議士或透過公民投票方式行使之。人民的一部份或特定個人都無權代為行使。」[28] 法國的公民投票為憲法明定之權利，全國性公民投票皆需依

---

[28] 原文為：La souveraineté nationale appartient au peuple qui l'exerce par ses représentants et par la voie du référendum. Aucune section du peuple ni aucun individu ne peut s'en attribuer l'exercice.

照憲法為之。

　　法國並無另外訂定一部公民投票法規範公民投票權之行使。

　　根據憲法第六十條，公民投票的監察機關為憲法委員會，其功能與職掌將在下文中說明。

公民投票類型

　　法國的公民投票依投票範圍區分有全國性公民投票與地方性公民投票；依內容區分則有根據第十一條關於公權力架構調整的公民投票（立法公民投票與政策公民投票）、八十八之五條的新會員國加入歐洲聯盟公民投票（歐盟公民投票）以及第八十九條之憲法修正公民投票（修憲公民投票）；依性質區分則是有強制性公民投票與諮詢性公民投票，但在全國性公民投票上並無諮詢性公民投票的設計，皆為強制性公民投票。

公民投票題目限制與審查制度

　　法國對於公民投票題目範圍的直接限制規定於憲法第
十一條：舉凡涉及公權力架構之調整、涉及國家經濟、社
會或環境的政策改革、公共服務改革、或是對不違憲但影
響憲政架構運作之條約批准的法律草案，皆能成為公民投
票之標的。換言之，只要公民投票主題符合上述的內容即
可進行公民投票，除此之外並無任何其他特殊或例外的規
定對公民投票題目加以限制[29]。

　　無論是形式審查或者是實質審查，法國皆沒有事前
針對公民投票題目進行審查的制度設計。最高行政法
院（Conseil d'Etat）於一九七〇年四月二十九日的判決
中認為其無權對政府所提出公民投票法律草案的法令
（décret）之合法性進行審理[30]。這個事先審查機制闕如的

---

[29] 雖然憲法第八十九條對於涉及國家領土完整或是政體變更皆不得成為修憲
題目，因此相關的修憲公民投票也同時受到禁止。但這並不屬於直接針對
公民投票題目所施加的範圍限制。

[30] Conseil d'État, Lecture du 29 avril 1970, N 77651 77682, Publié au
recueil Lebon, Section du Contentieux.

主要原因可能是在二〇〇八年修憲之前人民並無主動提出公民投票案的權力；有權發動公民投票的機關是政府、國會與總統，然而除了唯一的例外情況（當國會提出修憲案時），事實上最後真正決定是否提出公民投票案的其實僅有總統一人（總統簽署提交公民投票的法令時無需總理副署，可被視為是總統的專屬權力）[31]。然而總統的專屬權力（pouvoir propre）屬於統治行為，因此不受最高行政法院管轄[32]。

　　不過針對這項終究可能發生違憲情形的憲法漏洞，負責研議第五共和憲法缺失、並提出憲法修正建議的一九九三年Vedel委員會（Le Comité consultatif pour la révision de la Constitution，又稱Commission Vedel）在提交給密

---

[31] *Le Président de la Cinquième République*, Documént d'études, N1.06, éd. 2004, Paris, La documentation française.

[32] 對於統治權的說明，前大法官吳庚於大法官會議解釋字三八七號不同意見書中曾明白表示：「政府行為則係法國行政法院（Conseil d'Etat）一百餘年來累積個案所形成之理論，所謂政府行為雖無絕對明確之範圍，大體言之，國會與政府間之行為、有關戰爭或公安之緊急措施、元首之解散國會、提交公民投票或赦免行為、政府外交措施或國際條約之解釋及執行等，行政法院皆無權予以審理。」

特朗總統的總結報告當中[33]曾對此情形表示政府法律草案
（projet de loi）的公民投票提案應被納入違憲審查的機制
裡，然而該項建議至今仍未被納入憲法當中[34]。換言之，
法國社會尚未對此產生一致性的共識。

　　雖然一九五八年十一月七日所公布的憲法委員會組織
法（Ordonnance no581067 du 7 novembre 1958 portant loi
organique sur le Conseil Constitutionnel）第四十六條規定：
政府在舉辦公民投票時需徵詢憲法委員會的意見。這似乎
意味著憲法委員會有權針對公民投票的條文內容表達其
意見，例如對決定將政府法律草案交付公民投票之「法
令」（décret）本身提出見解，或是對舉辦公民投票的法
令（décret）表示意見。長久以來，憲法委員會對於舉凡
涉及公民投票的部分認為其一概不具備管轄權，然而在二
○○五年三月二十四日的裁定[35]中憲法委員會的意見卻有
了新的看法，該委員會首度表示並不排除審查將政府法律

---

[33] Propositions pour une révision de la Constitution : rapport au Président
de la République

[34] 在2008年的修憲中曾經討論該部份該如何處理，不過最後仍舊不了了之。

[35] Décision du 24 mars 2005 sur des requêtes présentées par Monsieur
Stéphane HAUCHEMAILLE et par Monsieur Alain MEYET.

草案交付公民投票的法令的可能[36]，這個看似頗不尋常的立場位移是否在未來會有具體審查的結果，則必須持續密切觀察[37]。

　　此外，依據該組織法第四十七條規定，憲法委員會得對哪些可使用官方資源進行宣傳的單位提出看法（observation）。此一規定讓憲法委員會看起來似乎具有介入公民投票流程的資格，然而在公民投票的實際運作上，憲法委員會認為自己在公民投票舉辦前（投票日之前）的功能僅侷限於諮詢性質，不應該對公民投票直接表示管轄責任（這表示其主動排除了身為公民投票「主管」機關的可能性），更不是由該委員會負責列出哪些單位有權使用官方資源進行公民投票選舉宣傳，此看法在憲法委員會於一九六○年十二月二十三日的裁定當中已有清楚說明[38]。

　　不過二○○八年七月二十三日的修憲中賦予了憲法委

---

[36] Francis Hamon et Michel Troper, *Droit Constitutionnel*, 30e éd., Paris, L.G.D.J., 2007.

[37] 唯獨在此憲法委員會的裁定之後法國並未舉辦過公民投票，因此尚無法獲得可以比較的實證案例。

[38] Décision Centre républicain du 23 décembre 1960。

員會一項新的權限，即當有超過五分之一的國會議員與十
分之一的選舉人所提出的公民投票案時，憲法委員會需依
照相關組織法審查該公民投票提案的所有程序（包括形式
審查與實質審查）。換句話說，未來憲法委員會將有權對
上述公民投票提案在事前進行違憲審查，也就是審查公民
投票提案是否符合憲法第十一條規定所涉及的範圍（公
權力架構之調整、涉及國家經濟、社會或環境的政策改
革、公共服務改革、或是對於不違憲但影響憲政架構運作
之條約批准的法律草案提交公民投票），以及認定該公民
投票提案是否違反基本人權的憲法原則[39]（不過對於政府
所提出的法律草案公民投票，憲法委員會依然不具備有事
前實質審查的權限。）。但有學者認為憲法委員會對公民
投票提案進行事前審查的時間點最好能在已達五分之一的
國會議員支持，但尚未進行十分之一的選舉人連署程序之
前就立刻啟動，因為當在獲得十分之一的連署人連署完成
之後才來進行違憲審查的程序時，倘若憲法委員會屆時才
宣告公民投票提案違憲，勢必產生嚴重糾紛[40]。

---

[39] 屬於 Bloc de constitutionnalité 的部分。

[40] André Roux, *Une analyse comparative des organes en charge du*

　　法國規定公民投票主文必須公正、清楚並且在文義
的詮釋上沒有模糊空間。憲法委員會於一九八七年六月
二日關於新喀里多尼亞地位公民投票（地方性公民投
票）的裁定[41]、以及在二〇〇四年五月四日關於馬約特島
（Mayotte）地位公民投票（地方性公民投票）的裁定[42]
中皆認為公民投票提案的主文設計不應有模擬兩可的情
形，且應該滿足公民投票本身所必須具備的清晰與合憲
性，否則屬於違憲。然而這部分僅屬於對地方性公民投票
事後的違憲審查。

　　此外，根據過去的公民投票經驗，公民投票題目的
選項中只有「是」（OUI）與「否」（NON）的二重選

---

contrôle électoral, en particulier les organes judiciaires-le cas français,
Le contrôle du processus électroral, Séminaire Unidem, Commission
de Venise, Strasbourg, 2009.

[41] Décision n° 87-226 DC du 02 juin 1987 (Loi organisant la consultation des
populations intéressées de la Nouvelle-Calédonie et dépendances prévue
par l'alinéa premier de l'article 1er de la loi n° 86-844 du 17 juillet 1986
relative à la Nouvelle-Calédonie)

[42] Décision n° 2000-428 DC du 04 mai 2000 (Loi organisant une consultation
de la population de Mayotte)

項[43]，並無類似其他國家（例如瑞典[44]）有多重選擇或是於同一議題上有多重選擇（愛爾蘭[45]）的情形。所以「您是否贊成……」儼然就成了公民投票題目的固定格式。

公民投票之法律效力

法國的全國性公民投票皆為強制性公民投票而非諮詢性公民投票，因此政府必須依照公民投票結果加以執行。依據憲法第十一條總統必須在公民投票結果公佈之後的十五日內公佈公民投票立法的條文。

公民投票日期安排

公民投票日是否限定星期幾舉辦？公民投票日當天是

---

[43] 參見附錄一法國第五共和全國性公民投票實例。

[44] 瑞典曾在 1980 年的核能公民投票中有三個選項。詳細內容請參見 Centre for Research on Direct Democracy (c2d) 網站資料。

[45] 愛爾蘭曾於 1992 年的墮胎公民投票中共有三個部份（懷孕婦女旅行自由、僅止於危及母親性命時墮胎、提供外國墮胎與避孕資訊的自由），每個部份又各自有贊成分反對。詳細內容請參見 Centre for Research on Direct Democracy (c2d) 網站資料。

否僅能允許一個公民投票案？公民投票是否能與其它全國
性大選同一天舉辦？

　　針對上述問題，目前並無特定的規定加以限制。

　　不過在實踐上，歷次的公民投票日子皆為星期日。

公民投票選舉中宣傳與媒體規範[46]

　　憲法委員會根據憲法第六十條規定，負責監督憲法中
第十一條、第八十九條與第十五章中公民投票事項之辦
理[47]，並公告公民投票結果，因此憲法委員會在公民投票
實踐當中扮演著不可或缺的「監督」角色。

　　在公民投票選舉活動（campagne）中，宣傳與媒體的
使用規定沿襲著一般在法國公職選舉的作法與精神：關
於選舉資訊的傳遞上，雖然未有法律明文規範，但在公
民投票的實務處理上，法國政府有義務提供完整的客觀

---

[46] Conseil d'Etat, 30 octobre 1998, Sarran et Levacher, AJDA 1998.

[47] 原文為：Le Conseil constitutionnel veille à la régularité des opérations de référendum prévues aux articles 11 et 89 et au titre XV. Il en proclame les résultats.

資訊滿足選民被充分告知的權利：當政府在寄送公民投票
題目與相關說明資料到選民手上時，必須平衡地附上經
憲法委員會審核過之不同觀點的理由書[48]；至於在媒體使
用的部分，憲法委員會負責監督整個公民投票選舉的過
程，對有資格使用官方宣傳資源的組織進行認定（組織
法第四十七條），並經由憲法委員會的建議，政府透過
法令（décret）授權最高視聽委員會（Conseil supérieur de
l'audiovisuel, CSA）維護不同政治團體公平地使用廣播及
電視的情形[49]。

投票門檻、結果審核

法國公民投票並無投票門檻之限制。歷年的公民投

---

[48] Council of Europe, Study No. 287/2004, *Referendum in Europe – An analysis of the legal rules in European States*, Report adopted by the Council for Democratic Elections at its 14th meeting (Venice, 20 October 2005) and the Venice Commission at its 64th plenary session (Venice, 21-22 October 2005), Strasbourg, 2 November 2005.

[49] Recommandation n° 2000-3 du 24 juillet 2000 du CSA à l'ensemble des services de radio et de télévision en vue du référendum du 24 septembre 2000, J.O. Numéro 172 du 27 Juillet 2000.

票參與率有高有低，最高紀錄的一次投票有八成選民參
與（一九六九年參議院改革及省級行政區創設之公民投
票），而最低的一次僅僅有三成（二〇〇〇年的總統任期
縮短為五年之公民投票）。各次公民投票的投票率請參見
本書附錄一。

　　憲法委員會組織法第五十條中規定該委員會對公民投
票選舉過程中不合乎規定的情況具有管轄權。然而，憲法
委員會對該項規定的認定亦持保留的態度。它認為該條文
的解釋應單純地將其角色定位在對公民投票選舉投票結束
後所提出的投票過程爭議進行審理；換句話說，憲法委員
會認為自己只有權處理公民投票選舉最末端的技術性爭議
（例如投票違規、投票逾時等不合乎選舉規定的違規情
事）；至於屬於公民投票選舉前端的部分，例如公民投票
選舉舉辦的方式為何、公民投票競選期間等是否有違法情
事等皆不受其管轄[50]。

　　在監督公民投票選舉投票進行的業務上，憲法委員會
的權限包括指派公民投票選舉監察員進駐各個投票處所監

---

[50]　Décision Centre républicain du 23 décembre 1960.

督投票過程、憲法委員會接受公民投票選舉投票違規申訴申請、憲法委員會公佈公民投票結果。如果投票過程中確有不當或嚴重缺失發生，憲法委員會有權審理並宣布公民投票結果部分無效[51]或是全部無效。

在公民投票的實踐經驗裡，雖然憲法委員會在整個公民投票過程當中（前段、中段與後段）所扮演的角色有著若干程度上的差異，不過整體而言，它對憲法第六十條規定所謂監督功能的解釋向來採取著比較保守及自我限縮的立場：關於公民投票如何籌辦與選舉期間的競選活動如何管理，它純粹扮演著諮詢性的角色（前段與中段）；至於有關投票時選務的進行與開票結果的宣佈，它則扮演著司法機關的角色（後段）。

綜合以上所述，在公民投票程序上，憲法委員會可謂同時扮演著政府顧問、選務監督及法官的三重角色。憲法委員會提供公民投票辦理之諮詢意見，派遣地方選務代

---

[51] Décision Résultats référendum 2000 du 28 septembre 2000, Proclamation des résultats du référendum du 24 septembre 2000. 在該裁定中認為部分選區的選舉無效，不過尚不致於影響整體選舉結果。

表，監督投票過程，審理及仲裁公民投票結果[52]。

四、公民投票直接立法

　　「公民投票直接立法」（loi référendaire）系指在憲法第十一條的授權下經由全民公民投票通過之後所制定的法律，亦即直接民意的立法，同時也可說是具有「違憲審查豁免權」（l'immunité juridictionnelle）[53]的法律，因為憲法委員會在一九六二年十一月六日的裁定[54]以及一九九二年九月二十三關於馬斯垂克條約的裁定[55]中皆認為該委員會對於人民主權的直接行使結果（l'expression directe de la souveraineté populaire）並無權進行違憲審查[56]。其所

---

[52] Conseil Constitutionnel, déc du 23 déc. 1960, Président du Regroupement national, Rec. Cons. const..

[53] Michel de Villiers, *Dans quels cas la constitution prévoit-elle des référendums*？法國憲法委員會網站 http://www.conseil-constitutionnel.fr

[54] Décision n° 62-20 DC du 06 novembre 1962, Loi relative à l'élection du Président de la République au suffrage universel direct, adoptée par le référendum du 28 octobre 1962.

[55] Décision n 92313 DC du 23 septembre 1992, Loi autorisant la ratification du traité sur l'Union européenne.

[56] 在當時憲法委員會所做出的該項裁定並非毫無爭議，尤其是遭到反對

持的理由是在憲法架構之下，憲法委員會僅能對於國會所
通過的法律具有違憲審查權，但人民主權的直接行使則不
應受到違憲審查的限制。這意味著憲法委員會認為人民的
「制憲權」（pouvoir constituant）不只適用於修憲領域，
人民的制憲權同時也完全適用於公民投票直接立法的範
疇。這也明白地宣示了憲法委員會在事後無權對公民投票
進行任何違憲審查的立場。

　　不過依循此一邏輯思考，雖然說憲法委員會承認人民
主權的直接表達具有超越憲法規範的特殊地位，但仍要注
意的是有沒有一種可能的情況是總統刻意地援引憲法第十
一條作為避開國會立法時必須要接受違憲審查的機制，而
頻繁地使用公民投票直接立法規避違憲審查、形同不受憲
法限制與約束的憲政真空地帶[57]？假使這種情況一旦發生
時，憲法委員會是否有可能改變既有的不干預立場？它又

黨的強烈抨擊，直陳憲法委員會的這項決定無異於自殺（Monnerville
語），或者根本就應該解散憲法委員會（Mitterand 語），參閱 Bernard
Chantebout, *Brève histoire politique et institutionnelle de la Ve
république*, Paris, Armand Colin, 2004.

[57] Louis Favoreu et Loïc Philip, *Les grandes décisions du Conseil
Constitutionnel*, 15e éd., Paris, Dalloz, 2009.

將如何處理？此外，關於公民投票立法還有一點值得吾人思索的地方，在於雖然公民投票立法不能受到違憲審查的約束，但在一般法的情況下卻有可能在後來透過國會修改的方式將公民投票立法直接修改，接著再度進入憲法委員會違憲審查的管轄權之內[58]。又，假使上述兩種情況同時存在時，憲法委員會又該如何自處？

最後補充說明，國會雖然不能在事前介入公民投票直接立法的行使過程，但國會並非全然被排除在公民投票立法的相關程序之外：事實上，經過一九九五年八月四日的修憲之後，憲法第十一條規定當公民投票的法律草案是經由政府方面所提出時，就必須要在國會兩院中進行報告並答詢辯論；如果公民投票案是由國會兩院所共同提出時，則就在相關動議提出時才舉行辯論。因此，國會還是有對直接立法的公民投票案表達意見的機會。

---

[58] Francis Hamon, "L'extension du référendum: données, controverses, perspectives", in *Pouvoirs* n°77 - Le référendum - avril 1996.

五、小結

La parole est au peuple.

La parole du peuple, c'est la parole du souverain.[59]

～Charles de Gaulle

La démocratie, c'est le gouvernement du peuple

exerçant la souveraineté sans entrave.[60]

～Charles de Gaulle

　　有此一說，公民投票一詞最初的廣泛使用在於外交場域，「在外交語言裡，長久來都使用ad referendum來表示外交全權大使僅能在經過他們所代表的政府授權同意下簽署國際條約，並且之後還需經過該國政府的最終批准……直至後來referendum才衍伸至公法機關上的實體應用，亦即人民根據公民投票決定贊成或反對由其代理人所投票通

---

[59] 「發言權屬於人民。當人民發言時，就是主權者在發言。」
[60] 「民主，就是屬於人民的政府沒有阻礙地行使主權。」

過的法律或政策決定。」[61] 由此定義觀之，公民投票是民
主社會裡最終的裁決手段。尤其是當「民主政府不再僅
是被定義為透過既定程序所授權產生之具有正當性的政
府。民主政府現在已經演變成必須面對來自於各個不同的
社會團體、政治或經濟勢力在各領域中所提出的不同意
見，並且目睹這些意見在無止境地角力底下做出調整的政
府。」[62] 當今日的民主政府每天都必須面對著眾多分歧意
見的匯集、衝突與來自於選民的輿論壓力時，作為實踐直
接民主的公民投票手段[63]，應該是執政者可以調和各方意
見時所不可或缺的民主法寶之一。另一方面，對於人民及

---

[61] *La Grande Encyclopédie*, inventaire raisonné des sciences, des lettres et des arts, tome 28, Imprimerie Tours, article "Referendum".

[62] "Le gouvernement démocratique n'est plus seulement défini par une procédure d'autorisation et de légitimation. Il devient essentiellement structuré par la confrontation permanente à différentes catégories de veto provenant de groupes sociaux, de forces politiques ou économiques." Pierre Rosanvallon, *La contre-démocratie, la politique à l'âge de la défiance*, Paris, Seuil, 2006.

[63] 若要說人民對於公共決策如何產生影響的話，在民主制度下有三種權力的行使方式：選舉民主、參與式民主及直接民主。直接民主則是能夠讓所有人都參與決策的終極手段。見 Dominique Bourg et Daniel Boy, *Conférences de citoyens, mode d'emploi*, Paris, éd. Charles Léopold Mayer, 2005.

公民社會來說，公民投票又何嘗不是暨選舉權已經普遍化
成為基本人權一部分的此刻，開始思考及替自己爭取公民
投票這個民主實踐程序，其實也是一項人民所應該被賦予
的憲法上基本人權呢？

然而公民投票的程序應有一定的規範與審查機制，
且在這個制度下需顧及憲政架構的穩定與憲政價值的維
護；再者，公民投票需針對特定事物提供明確的答案而
不是針對個人的選舉投票，因此不應該是偽裝成為了執
政者自身擴權的民粹式公民投票，亦即避免法國歷史上
plébiscite被誤用的情況發生。從法國的公民投票經驗與制
度設計來看，吾人可以了解到從憲法的高度來處理公民投
票事宜，亦即讓憲法委員會居中處理事涉人民主權、統治
行為、國會主權等複雜憲政互動的公民投票事宜，或許是
一種能夠讓公民投票可能引發的憲政爭議、政治齟齬的情
況儘量減少到最低的最佳安排。

當然吾人並不因此就主張法國的公民投票制度設計
中，讓憲法委員會扮演關鍵要角的作法便是一帖解決公民
投票相關爭議的萬靈丹，如同本章所述，在面對公民投票
時憲法委員會所發揮的功能尚有許多不盡完善之處；同時

作者亦不認為憲法委員會在關於公民投票所作出的裁決或
意見就完全不具有政治或現實面的考量。正如憲法委員
會的原始角色曾被法國政界謔稱為「行政權的看門狗」
（chien de garde de l'exécutif）以及「制衡國會亂象的武
器」（arme contre la déviation du régime parlementaire）[64]一
樣。但是即便如此，按照本章的探析，作者依然認為法國
的公民投票制度的架構設計相當值得我國在面對公民投票
相關爭議時的參考與借鏡。

---

[64] 參見 Serge Velley, *Histoire constitutionnelle française de 1789 à nos jours*,
Paris, Ellipses, 2001.

第四章
義大利公民投票制度

一、義大利舉辦公民投票歷史

拿破崙一世在滑鐵盧之役失利之後，使得法國於一八一五年的維也納會議之中失去薩瓦（Savoy）與尼斯（Nice）兩個區域。但一八六○年拿破崙三世打敗奧地利並協助義大利統一之後，則又重新取回上述兩個區域的主政權。因為薩丁尼亞國王伊曼紐二世曾經與拿破崙三世簽署杜林條約（Treaty of Turin, 1860），該條約中雙方同意彼此之間進行領土交換，不過前提必須是要先徵得當地居民的同意，換言之，也就是要確定關於領土的變更是在符合當地資格居民之授權之下才能進行，因此便要舉行公民投票進行人民的意見徵詢[1]。最終結果是由薩丁尼亞

---

[1] 基本的條件為年滿 21 歲的男性始可投票。見 Pier Vincenzo Uleri, "Italy:

國取得帕爾馬（Parma）、摩德納（Modena）、托斯卡尼（Tuscany）及羅曼亞（Romagna），法國則取回先前失去的薩瓦和尼斯。職是之故，於一八四八年到一八六〇的義大利統一過程之間，曾經數度舉辦為了確認義大利這些區域或省份被兼併事項的公民投票（當時係使用plebiscite稱呼公民投票）[2]，例如在一八六〇年義大利試圖將皮埃蒙特（Piedmont）和薩丁尼亞（Sardinia）併入其版圖時就曾經先舉行過公民投票徵詢該區人民的意願，接著再由薩丁尼亞國王頒佈兼併此城邦的命令。一八六六至一八七〇年時義大利佔領威尼斯跟羅馬，也分別在舉辦公民投票之後執行兼併[3]。

第二次世界大戰之後，義大利於一九四六年舉行公民投票廢除王室，將政體從君主國改制成為共和國。一九四七年透過公民投票制訂新憲法，並欲藉由將國家的權力集

referendums and initiatives from the origins to the crises of democratic regime", in M. Gallangher and P. V. Uleri ed., *The referendum experience in Europe*, London, Macmillan, 1996.

[2]　*ibid.*

[3]　蒲國慶，〈從國際法談公民投票實踐〉，《外交部通訊》第27卷第2期，2008。

中於國會來達到反對法西斯強人政治之目的[4]，該憲法中也將公民投票機制納入其中。但從一九四八年一月一日義大利憲法施行至今中央政府的政權更迭頻繁，短命內閣與政治變動劇烈現象所呈現的是政局高度不穩定的情況。職是之故，亦促成了義大利人民把希望寄託在公民投票此種人民能夠直接參與政治的方式，試圖改變或牽動動輒被政黨左右的政治情勢。Bogdanor的研究則認為義大利的公民投票主要是發揮能夠與國會相抗衡的力量。此外，由於義大利的公民投票是少數西歐國家中允許由人民直接發動的國家，這使得義大利在西歐民主國家公民投票經驗中是僅次於瑞士之外，次數最多的國家[5]。

二、義大利公民投票類型

義大利憲法第二篇從第五十五條到第一三九條，該

---

[4] V. Bogdanor, "Western Europe", in *Referendums around the world-the growing use of direct democracy*, B. David and A. Ranney ed., Washington, American Enterprise Institute for Public Policy Research, 1994.

[5] *ibid.*

篇內容是關於政府組織的設立與權限之相關規定。該篇
列出全國性公民投票的種類，並將全國性公民投票區分
為三種不同類型：廢止型公民投票，憲法條文修正公民
投票，與行政區合併或設立公民投票。新修訂的憲法版
本於二〇〇三年五月三十日公布於義大利政府公報（La
Gazzetta Ufficiale），但新版憲法中有關公民投票分類的
規定與舊版憲法並無不同；而且有關義大利全國性公民投
票的詳細程序則仍然依照一九七〇年五月二十五日第三
五二號「憲法公民投票與人民創制權相關條例」（Norme
sui referendum previsti della Costituzione e sulla iniziativa
legislative del popolo）[6]。

　　義大利三種全國性公民投票的範圍、門檻與程序分別
如下所述：

---

[6]　1970/03/25 第 352 號法律（LEGGE 25 maggio 1970, n. 352）。

（一）廢止型公民投票（abrogative referendum）

憲法第七十五條規定：舉凡攸關廢除現行法律規定的全部或一部分的條文，均得申請公民投票。此類型的「廢止型公民投票」公投沒有特別限定需要針對某些特定的議題。或許在某種程度上義大利的憲政體制中並不存在國會主權的概念，因此人民擁有最終的法律決定權，這也屬於人民的最終否決權（people's veto power）。

可以透過公投廢止的法律標的除了剛剛經由國會通過、生效的法律條文以外，亦能針對現行的任何法律條文進行人民複決的程序[7]。然而涉及預算與租稅、減刑與大赦、以及授權批准國際條約等特殊事項，則不適用在廢止型公民投票[8]的應用範圍。

---

[7] 如一九七〇年義大利人試圖廢止墮胎禁令，但首先必須先廢止墨索里尼於一九三〇年為了保護民族血統純正而將墮胎行為視為戕害民族健康與民族完整的犯罪行為之條文廢止。

[8] 這裡所說的授權批准國際條約所指的應是若已經過國會批准程序通過的國際條約，不能以廢止型公民投票的方式加以毀棄。但若是以公民投票方式批准國際條約，則是屬於不經過國會批准的程序，兩者不宜混淆。

　　當義大利參議院或眾議院五分之一以上的國會議
員，或五個區議會（regional council），或五十萬選民共
同連署完成後得以進行廢止型公民投票。當五十萬公民
連署所提案的公民投票，被稱為是「控制決定型創制」
（decision-controlling initiative），而由五個區議會所提
出的公民投票則稱為「控制決定型公民投票」（decision-
controlling referendum）[9]。廢止型公民投票的問題形式是
「你願意撤銷某某法律嗎？」，因此贊成廢止（亦即反
對該法律繼續存在）的選民就會圈選「是」，反對廢止
（支持該法律繼續存在）的選民便會圈選「否」[10]。

　　其次，「廢止型公民投票」的審查過程必須經由中
央公民投票委員會（Ufficio centrale per il referendum）與
「憲法法院」（La Corte Costituzionale）的雙重審核，經
審核通過之後始能成案並進行公民投票。

　　中央公民投票委員會乃依存於最高法院，因為中央公
民投票委員會係由義大利最高法院的法官所組成，並由最
高法院當中資歷最深的庭長擔任該委員會主席，另外其餘

---

[9] Uleri, *op. cit.*

[10] *ibid.*

兩位副主席則由資歷次深的庭長們擔任，再加上最高法院各庭的三位法官（最高法院總共有十庭），法定成員共計三十三位。中央公民投票委員會在進行公民投票案決定時的出席人數門檻是最少要主席加上一位副主席，以及十六位成員以上才達最低法定人數標準[11]。中央公民投票委員之職責係審查公民投票案是否符合憲法第一三八條之規定，此為最高法院的「非司法權功能」（non jurisdictional functions）[12]。

憲法法院則認定該廢止型的公民投票案的主題是否涉及財政、赦免、或條約批准等事項，並且還要認定該公民投票案是否包含了「多個本質互異的要求，導致該案欠缺理性及一致性，而不符合憲法第七十五條的法條邏輯」[13]。

最後，當投票率達百分之五十以上並得到多數贊成票時，該「廢止型公民投票」視為通過；若該公民投票案未

---

[11] Sgroi Vittorio. "La Cour de cassation d'Italie". in *Revue internationale de droit comparé*. Vol. 30 N°1, janvier-mars 1978.

[12] Corte di Cassazione, http://www.cortedicassazione.it/Cassazione/Cassazione.asp#

[13] Bogdanor, *op. cit.*

獲通過時，則相同議案於五年之內不得再度提出[14]。然而在此要特別注意的是僅有「廢止型公民投票」才有此項五年內不得再度提出申請的設計，憲法條文修正公民投票則無此限制[15]。

（二）憲法條文修正公民投票[16]

憲法第一三八條規定：任何憲法條文與憲法性質法律（Legge costituzionale）之修正，皆可提出公民投票。

首先，修憲案必須先由參、眾議院分別進行兩次的審查程序，兩次的審查時間必須在三個月之內完成，並在第二次審查時經絕對多數表決通過；假使參、眾兩院於第二次表決時均有超過三分之二以上的議員同意該修憲案，則該憲法修正案即直接由總統頒佈施行，無須另外申請舉行

---

[14] 張福昌，〈單一國家地方自治公民投票：以義大利為例〉，見陳隆志、陳文賢編《國際社會公民投票類型與實踐》，台北：臺灣新世紀文教基金會。

[15] Bogdanor, *op. cit.*

[16] 本類型的公民投票從未實施。見廖揆祥、陳永芳、鄧若玲譯，公民投票與民主政府，Setälä (M) 著，台北：韋伯，2003。

公民投票[17]。

其次，如果參、眾兩院於第二次表決時未獲得超過三分之二以上的議員同意該修憲案時，該修正案於通過後的三個月內，可由參議院或眾議院五分之一以上的議員，或五個區議會，或五十萬選民連署之後，將該憲法修正案交付公民投票。修憲公民投票申請與前述的廢止型公民投票一樣，必須經由憲法法院與中央公民投票委員會的雙重核准機制通過之後始得交付公民投票。倘若該公民投票並未能獲得半數以上的選民同意時，則該憲法修正案視同不通過。

（三）行政區合併或設立新行政區之公民投票

憲法第一三二條規定：在義大利領土上欲進行行政區與行政區之間的合併案或者是新行政區的設立，則每個行政區人口至少須擁有一百萬以上人口。依據此項規定迄今並未曾有過相關公民投票的實施經驗，僅有多次是針對行

---

[17] Bogdanor, *op.cit.*

政區法律的批准而由行政區所舉辦的地方性公民投票[18]。

憲法第一三三條規定：行政區內所有省與市邊界之相關變動程序，可由各行政區自行決定是否立法辦理，或者是交付人民公民投票。首先，依照地方層級辦理相關變動程序時，須由欲申請之市議會、省議會或區議會向最高法院提出欲合併或設立新區的公民投票申請。其次，經由憲法法院與中央公民投票委員會的雙重機制核准後，在相關區內舉行公民投票投票，公民投票未達此區內半數以上選民同意，則該案失敗；若半數以上選民同意，則該案通過。最後，在公民投票案通過的情況下，內政部（Ministero per l'interno）須在公民投票通過十日內將公民投票結果與新行政區之合併或設立的草案遞交國會審核，國會在收到草案後須於三個月內進行表決，假使該公民投票未獲國會通過，則五年內不得重提此案[19]。

此處有意思的觀察點在於地方性公民投票並非決定行政區是否能夠變更的最終機制，在地方性公民投票之上還有國會檻進行實質把關，等於是具有雙重門檻的設計。地

---

[18] *ibid.*
[19] 張福昌，前揭書。

方擁有新設立或者是合併行政區的公投發動主動權，但是最後仍是由國會來做最後決定。

三、義大利公民投票概況

（一）相關法制規定

關於義大利的公民投票制度，其憲法上主要相關條文有四條，分別如下：

第七十五條：如有五十萬選舉人或五個區議會之請求，應舉行公民投票以決定某法律或具有法律效力的法規之全部條文或其中一部分條文之廢止；但是關於預算與財政之法律、大赦與特赦及國際條約之批准等事項，則不得作為公民投票之標的；凡有權選舉眾議員之民眾均享有參加公民投票之權利；提交公民投票之議案，經超過選舉人數百分之五十以上參加投票（投票率需過半），且經超過半數之有效票多數之贊同，即為通過[20]。

---

[20] 75. È indetto referendum popolare per deliberare la abrogazione, totale

　　第一二三條：每個行政區基本法所規定的政府型態、基本組織原則及運作方式皆需與憲法規定一致。在對於區基本法或行政規定，以及區基本法或行政規定公佈的部分涉及人民創制與複決的公民投票權利之相關法律規定時亦同。

　　區基本法由區議會通過，並可經由區議會修正，條件則是由區議會之多數以法律形式通過…共和國政府可以在該基本法頒布的三十天之內向憲法法院提出該基本法合憲性的審查要求。

　　若該區有五分之一的選舉人或五分之一的區議會議員在區基本法公佈之後三個月內對此基本法提出公民投票的

---

o parziale, di una legge o di un atto avente valore di legge, quando lo richiedono cinquecentomila elettori o cinque Consigli regionali.

　　Non è ammesso il referendum per le leggi tributarie e di bilancio , di amnistia e di indulto , di autorizzazione a ratificare trattati internazionali.

　　Hanno diritto di partecipare al referendum tutti i cittadini chiamati ad eleggere la Camera dei deputati.

　　La proposta soggetta a referendum è approvata se ha partecipato alla votazione la maggioranza degli aventi diritto, e se è raggiunta la maggioranza dei voti validamente espressi.

　　La legge determina le modalità di attuazione del referendum.

要求，則該基本法即應交付公民投票，並經多數同意後始能生效。

第一三二條：如有代表居民三分之一以上之鄉鎮議會提出合併之請求，或設置新區或區域議會，且其建議經該區人口的多數決投票通過時，得以徵求區議會意見後，依憲法性法律合併現存區或設置新區。但新區至少應有一百萬居民；省與鄉鎮如有要求時，得依共和國法律並經公民投票，於徵求區議會意見後，脫離某一區，加入它區[21]。

第一三八條：憲法與憲法性法律之修正，應經同屆國會兩院各自在三個月內的二次會議審查之後通過，並於第

---

[21] 132. Si può con legge costituzionale, sentiti i Consigli regionali, disporre la fusione di Regioni esistenti o la creazione di nuove Regioni con un minimo di un milione d'abitanti, quando ne facciano richiesta tanti Consigli comunali che rappresentino almeno un terzo delle popolazioni interessate, e la proposta sia approvata con referendum dalla maggioranza delle popolazioni stesse.

Si può, con l'approvazione della maggioranza delle popolazioni della Provincia o delle Province interessate e del Comune o dei Comuni interessati espressa mediante referendum e con legge della Repubblica, sentiti i Consigli regionali, consentire che Province e Comuni, che ne facciano richiesta, siano staccati da una Regione ed aggregati ad un'altra.

二次投票時獲得各院絕對多數之通過；前項法律公布三個
月內，得因國會議院五分之一議員，或五十萬選舉人，或
五個區議員會之要求，交付公民投票。交付人民表決之
法律，非經有效投票之多數通過，不得公布之；但法律
經國會兩院於第二次投票各以議員總數三分之二多數通過
者，則毋需再舉行公民投票進行複決[22]。

（二）公民投票舉辦經驗

　　一九四八年的義大利憲法中規定人民有主動提出公
民投票的權利，但除了一九四六年的國體公民投票與一

---

[22] 138. Le leggi di revisione della Costituzione e le altre leggi costituzionali
sono adottate da ciascuna Camera con due successive deliberazioni
ad intervallo non minore di tre mesi, e sono approvate a maggioranza
assoluta dei componenti di ciascuna Camera nella seconda votazione.
　　Le leggi stesse sono sottoposte a referendum popolare quando,
entro tre mesi dalla loro pubblicazione, ne facciano domanda un quinto
dei membri di una Camera o cinquecentomila elettori o cinque Consigli
regionali. La legge sottoposta a referendum non è promulgata se non è
approvata dalla maggioranza dei voti validi.
　　Non si fa luogo a referendum se la legge è stata approvata nella
seconda votazione da ciascuna delle Camere a maggioranza di due
terzi dei suoi componenti.

公民投票制度與國際間公投案例

九八九年特別針對歐盟所舉辦的專屬公民投票（*Ad hoc referendum*）不用依照公民投票法舉辦公民投票以外，有關全國性公民投票的實施則在相關法規闕如的情況之下動彈不得，一直要等到一九七〇年才有相關的公民投票法規出現。

公民投票法立法遭受延宕多年的主要原因是在國會具有優勢的基督教民主黨所刻意阻撓之結果，因為該黨並不希望公民投票的出現對其執政下的立法過程造成不必要的干預及妨礙；然而直到一九七〇年基督教民主黨在國會失去席次優勢，變成在野的少數政黨之後，因為他們相當擔心離婚法可能通過的情況下，所以從原先戮力反對公投立法的立場，突然變成急於促成廢止型公民投票相關法規的立法通過[23]；在如此的轉折底下，一九七四年的離婚法公民投票也成為義大利首次實施的廢止型公民投票，不過該次公民投票並未過關。

接下來的數年間，義大利曾舉辦幾場較受到各界矚目的公民投票案，例如一九七八年撤銷國家對政黨進行補

---

[23] Bogdanor, *op.cit.*

74

助、一九八一年的墮胎法案、一九九一年關於國會選制廢除眾議院選舉偏好投票（the preference vote for elections to the Chamber of Deputies）的公民投票等。不過在一九八五年之前所舉辦的公民投票悉數皆未能過關。

　　公民投票首度獲得通過的案例是在一九八七年十一月九日所同時舉辦的五項公民投票議案，並且全部都獲得通過。而在二○一一年義大利舉行的核電廠公民投票則是一次投票結果與原本預估情勢發生逆轉的一項公民投票：根據民意調查顯示，原先贊成恢復核能發電的選民居於多數的地位，但同年三月十一日當日本發生嚴重的福島核電廠事故之後，連帶也影響當年六月的義大利公民投票結果，投票結果最後以絕對多數反對恢復核能發電廠的計畫。

（三）公民投票舉辦情況

　　義大利的全國性公民投票常將多項議題合併舉辦，從一九七四年至二○一一年期間，義大利總共舉辦過六十九次的全國性公民投票，其中僅有少數幾次是屬於單一項議

題的公民投票單獨辦理，其餘都是在同一日舉辦二項或二項以上的公民投票；在一九九五年六月十一日甚至在同一天進行多達十二項公民投票的議題。

　　義大利除了在一九四六年舉辦過一次由政府提案針對國體形式的公民投票經驗外，一九七〇年代以後大部分的公民投票都是由人民提案的形式所提出。當符合程序的提案陸續不斷地提出多項公民投票議題之後，政府部門就可能以節省選務成本作為理由將多項議題的公民投票合併在一起，同時舉辦[24]以節省成本。公民投票的日期由義大利政府決定，且必須是要在四月十五日到六月十五日之間的某一個星期天作為投票日[25]。但容或有例外發生。

（四）公民投票發動機關

　　依據憲法規定，凡到達一定人數之選舉人，區議會議員，國會議員都有權提出公民投票案。五十萬選舉人，或五個區議會之請求，應舉行公民投票已決定法律或具有

---

[24] 李俊達，〈歐洲國家公民投票經驗之跨國比較：議題、時程與結果〉，《東吳政治學報》第二十七卷第一期，2009。

[25] Uleri, *op. cit.*

法律效力的法規之全部或一部分之廢止（憲法第七十五條）。若該區有五分之一的選舉人或五分之一的區議會議員在區基本法公佈之後三個月內對此基本法提出公民投票的要求，則該基本法應交付公民投票，並在多數同意之後才能生效（憲法第一二三條）。如有代表居民三分之一以上之鄉鎮議會提出合併之請求，設置新區或區域議會，且其建議經該區人口的多數決投票通過時，得以徵求區議會意見後，依憲法性法律合併現存區或設置新區。但新區至少應有一百萬居民；省與鄉鎮如有要求時，得依共和國法律並經公民投票，於徵求區議會意見後，脫離某一區，加入它區（憲法第一三二條）。憲法與憲法性法律之修正，應經同屆國會各院於三個月以內之二次會議通過，並於第二次投票時獲得各院絕對多數之通過；前項法律公布三個月內，得因國會議院五分之一議員，或五十萬選舉人，或五個區議員會之要求，交付公民投票。交付人民表決之法律，非經有效投票之多數通過，不得公布之；法律經國會各院於第二次投票各以議員三分之二多數通過者，不必舉行公民投票。（憲法第一三八條）

　　根據憲法公民投票與人民創制權相關條例第三十二條

規定，公民投票案的提出要在每年的一月一日到九月三十日之間。

義大利除了政府以外，公民投票的基本上發動權是屬於人民或民意代表。

（五）審核程序

義大利公民在將法案交付由公民投票之前，必須要經過義大利憲法法院與中央公民投票委員會（Ufficio central per il referendum）兩道程序之審核。

中央公民投票委員會在每年九月三十日之後，會依據憲法中有關公民投票與人民創制權相關條例第十二條之規定進行審查，核對公民投票案是否遵照法律原則提出，且是否依照憲法七十五條之規定。

而憲法法院的審核則是為了確保此公民投票議題不會涉及到稅賦、財政、赦免及減刑、國際條約的批准等。此等憲法法院的權力係經由一九五三年的憲法法律第一條與一九七〇年的第三五二號法律[26]的授權。憲法法院在收到

---

[26] Uleri , *op. cit.*

中央公民投票委員會審核通過之公民投票案後，最晚要在次年的一月二十日之前以閉門會議方式宣布公民投票案是否通過。

　　然而針對廢止型的公民投票，憲法法院的認定權限具有很大的彈性，像是在一九九一年時，憲法法院針對選舉制度的改革事項，明白地拒絕接受任何廢止現行所有選舉法的公民投票，因此改革者僅能針對選舉制度當中的具體事項逐項提出公民投票案。於一九七〇到一九八七年間，三十三件的公民投票提案中便有十四件遭到憲法法院的駁回[27]。

　　另外，政府當局如果想要阻擋公民投票的申請案，也可以採取策略性的提前解散國會手段，例如一九七二年的離婚法案、一九七六年的廢止墮胎法案。況且，義大利國會可以在四個月內對要舉行的公民投票法案提出修正案，藉以當作為策略性的阻擋方法，像是於一九七〇到一九八七年間的例子有：一九七八年的墮胎案、調查委員會案、精神病收容所案，一九八一年的軍法審判案，及一九

---

[27]　Bogdanor, *op. cit.*

八二年的生活津貼補助案。

（六）連署方式

　　公民連署人的簽名需於九十天之內完成，先向中央公民投票委員會提出，由其判定是否有足夠的公民進行連署，之後再由憲法委員會決定是否可以符合成案條件。不過公民投票的提案首若是由五個區議會所提出的公民投票案，則必須由各區議會的代表繳交共同聲請書向中央公民投票委員會提出申請，而連署的時間必須在五個月以內完成。

　　不論是一般提案人或者是區議會的代表如要提出公民投票案，都應該在每年的一月一日到九月三十日的期間向中央公民投票委員會提出，而在參議院或眾議院選舉後的半年之內，也都不能提出公民投票案。中央公民投票委員會的審查會，將會在每年的十月初，處理之前九個月所提出的公民投票案是否合於法律規定，並且將公民投票案送至憲法法院，讓憲法法院進行審核。之後判決將會送至總統、總理、參議院及眾議院議長、以及提案人等。

（七）義大利公民投票流程

1、廢止型公民投票流程（全國性公民投票）

（1）廢止型公民投票提案（憲法第七十五條）

甲、控制決定型創制：經五十萬公民連署。

乙、控制決定型公民投票：由五個區議會提出。

（2）廢止型公民投票提案審查：「憲法法院」及「中央公民投票委員會」兩機關審查。

（3）廢止型公民投票門檻：投票率超過版分之五十，並得到多數贊成票（投票人數須超過選舉人二分之一）。

2、憲法條文修正公民投票流程（全國性公民投票）

（1）憲法條文修正提案（憲法第一三八條）：由參、眾議院進行兩次修正條文之審議與投票，其間隔時間要在三個月內，並在第二次審議要以絕對多數決的方式表決通過。

（2）假使參、眾兩院於第二次表決中均超過三分之二以上的議員同意，則該憲法修正案即直接由總統頒佈施行，無須另外申請舉行公民投票。

（3）倘若參、眾兩院於第二次表決中未超過三分之二以上的議員同意時，則可於修正案於通過後的三個月內，由參議院或眾議院五分之一以上的議員，或五個區議會，或五十萬選民之連署之後，將該憲法修正案交付公民投票，公民投票之申請必須經由憲法法院與中央公民投票委員會雙重核准。

（4）若該修憲公民投票未達半數以上參與投票的選民同意，則該憲法修正案視為不通過（投票人數毋須超過選舉人二分之一）。

3、區基本法、行政區合併或設立新區之公民投票流程（地方性公民投票）

4、區基本法公民投票複決提案（憲法第一二三條）

（1）在區基本法公佈之後三個月內，該區有五分之

一的選舉人，或五分之一的區議會議員在該基本法公佈之後三個月內對此基本法提出公民投票的要求，則該基本法應交付公民投票。

（2）該區基本法經多數同意之後始能生效（門檻與憲法修正時相同）。

5、行政區合併或設立新區之公民投票（憲法第一三二條、第一三三條）

（1）區內所有省與市之相關變動程序，可由各區自行決定是否立法辦理，或交付人民公民投票（非強制性公民投票）。

（2）公民投票提案：依照地方層級辦理相關變動程序時，須由欲申請之市議會、省議會或區議會向最高法院提出欲合併或設立新區的公民投票申請。

（3）公民投票審查：經由憲法法院與中央公民投票委員會雙重核准後，在相關區內舉行公民投票投票。

（4）公民投票門檻：公民投票未達此區內半數以上

選民同意，則該案失敗；若半數以上選民同意，則該案通過。（投票人數須超過選舉人二分之一）

（5）在公民投票案通過的情況下，內政部（Ministero per l'interno）須在公民投票通過十日內，將公民投票結果與新行政區之合併或設立的草案遞交國會審核，國會在收到草案後，須於三個月內進行表決，假使該公民投票未獲通過，則於五年內不得重提此案。

（八）公民投票效力

廢止型公民投票是義大利公民投票制度的最大特色，雖然義大利的公民投票的程序設計上並沒有類似瑞士或是美國對於創制公民投票的設計，如果創制是屬於積極的人民主動立法行為，複決卻被認為是消極的行為；複決可分成選擇性（optional）或強制性的（mandatory），選擇性是指議會可以選擇將法案送交公民複決或不送交公民複決；強制性則是議會有義務將法案提交公民複決，並且公

民投票結果具有法律的強制約束力，因此義大利的複決屬
於強制性的。

　　由此觀之，義大利的複決程序不僅能否決憲法修
正案或撤銷法律，更可以積極地進行議程設定（agenda
setting），進而迫使國會預先修改與制定法律。就此而
言，義大利雖無法律規定創制程序，但其複決程序也可以
巧妙地用來修改或創制法律。

四、小結

　　首先要說明的是本章僅針對義大利的公民投票制度進
行初步的介紹與探索，目的並不在於對義大利的公民投票
制度提出批判，也不在於對義大利的公民投票廣泛舉辦有
多餘的遐想；而僅希望透過如此一個初步的公民投票實際
運作上理解義大利的公民投票如何進行，增加台灣在比較
各國公民投票制度上的一個可對照案例。

　　其次，義大利作為一個在深厚天主教背景之下的歐
洲國家，而且是政局相當複雜、變動劇烈的特殊民主國
家，從歷次的公民投票經驗來看，無論爭議的議題是攸關

宗教禁忌、政府權力、政黨或是財團關係等，公民投票
應是有效地構築了政府與人民的對話橋樑，公民投票似
乎也發揮了其作為憲政體制維繫的「暫行機制」（*modus
vivendi*）的作用，或者吾人可以大膽地認為公民投票是作
為一個具有高度正當性的憲政「安全閥」[28]或是社會「排
氣孔」[29]。

　　第三，迄今六十九次的公民投票當中，雖僅有二十八
個獲得通過，但以約略四成的公民投票案過關的比例應該
不算太低，顯示了義大利的公民投票應當是有真正發揮人
民直接表達意見的功能。另外，從人民可以擁有相當自主
性程度公民投票的發動權觀之，提案門檻不高的設計目的
等於是允許人民擁有對政府的直接監督，尤其是獨特的廢
止型公民投票設計，更是形同賦予人民否決權，讓人民在
某種程度上擁有政治的最終決定權，亦等同是對人民主權
的肯認。此點應該是公民投票制度上的一個值得各國借鏡
之處。

　　第四，義大利對於公民投票案的審核機制是經由最高

---

[28] George Simmel 所提出的 safety-valve theory。
[29] Heinrich Shurtz 所提出的 ventilsitten。

法院所審理，在加上易法法院的把關，基本上比較可以排除掉政治力直接介入的負面影響，這跟其他歐洲國家的情況大同小異。

　　最後，義大利公民投票也跟其它經常舉辦公民投票的國家一樣，在同一天內可以有多項公民投票案同時舉辦，在選務技術上並非特別複雜，亦非不可行。反而是因為政府在節省成本的考量上，多項公民投票同時舉辦負擔較低，對於政治議程的設定衝擊或許也較小。

第五章
愛爾蘭公民投票制度

一、公民投票概述

　　總體而論，公民投票因為投票結果效力之不同可分為兩類：其一為諮詢性公民投票，該項公民投票的結果並無強制性約束的法定效力；另一種則為決策性公民投票，其結果具有強制的法約束力。在決策性公民投票之下若依其功能來看，又可劃分為規範性公民投票（référendum normatif）或是廢止性公民投票（référendum aborgative）兩類，前者具有讓法律條文生效的作用，後者則具有廢止某項既有法律條文之特定部分或全部規定之作用[1]。

---

[1]　France, Sénat, *Le réferendum*, 2000.

若依公民投票標的之不同，則可以區分為「憲法公民投票」（référendums constitutionnels）與「立法公民投票」（référendums législatifs）[2]，立法公民投票也可被稱為「一般性公民投票」（ordinary referendum）。憲法公民投票亦分為制憲公民投票（référendum constituant）與憲法修正公民投票（référendum de révision）。

二、愛爾蘭公民投票制度介紹

愛爾蘭的公民投票屬於決策性公民投票，並無諮詢性公民投票的設計。

愛爾蘭所舉辦的公民投票皆為憲法修正公民投票，至今尚未發生過舉行立法公民投票的案例。

（一）公民投票的種類

愛爾蘭的公民投票有兩大類，一類為針對憲法修正案

---

[2] *ibid.*

所舉辦的「憲法修正公民投票」，另一類為針對一般法案進行公民投票的「立法公民投票」，或稱之為「一般性公民投票」。

　　愛爾蘭的憲法修正需要經過公民投票程序的批准，無其他替代方式，因此屬於強制性公民投票（Obligatory referendum）。雖然愛爾蘭憲法（Bunreacht na hEireann）於一九三七年七月一日經由公民投票批准[3]，並於一九三八年一月一日正式生效，然而到一九四一年六月的過渡期限截止之前，依據原本憲法五十一條[4]之規定愛爾蘭憲法尚且能透過國會的一般立法程序修正，毋需經過公民投票，而有兩個憲法修正案（第一與第二憲法修正案）便於此階段依照五十一條的方式通過。在過渡期結束之後，憲法之修正案就必須經由公民投票同意。

　　相對地，在一般性公民投票的部分，當國會兩院向總統提出聯合請願後，此時總統擁有決定是否將法案交付公

---

[3] 公民投票結果以 685,105 贊成對 526,945 反對，通過憲法草案。參見：Ireland, Department of the environment, heritage and local government, «Referendum result 1937-2009».

[4] 該條文現已廢止。

民投票的裁量權，故在一般性公民投票時總統的態度是決定公民投票舉辦與否的關鍵。

　　若依公民投票發動者區分，國會兩院與總統為可依法提出公民投票案的機關：國會提出修憲案之後交付公投批准（憲法修正公民投票），或是總統在收到國會兩院的聯合請願案之後，決定該法案是否涉及國家重大事項而逕行交付公民投票（立法公民投票）。雖然強制性的憲法修正案公民投票在愛爾蘭已有深厚的基礎與超過半世紀以上的歷史，但愛爾蘭公民本身並沒有提出公民投票案的法定權力，僅能由上述的憲法機關提出。

（二）公民投票設計之意旨

　　除了愛爾蘭憲法修正案為強制性公民投票之外，根據最高法院於一九八七年Raymond Crotty v. An Taoiseach and Others的判決，認為所有涉及歐盟條約的重大修正皆等同於對愛爾蘭憲法之修正，因此也必須要以公民投票的方式來決定。此舉意味著涉及憲法及國家主權的議題茲事體大，徵詢人民最終意見、用公民投票決定才能符合愛爾蘭

的國家利益，故而至今已有十次針對涉外事務、國際條約
與歐盟參與等議題的公民投票紀錄。

　　至於立法公民投票的部份，該設計可被視為是一種對
於國會所通過法案的否決權[5]；愛爾蘭的立法公民投票機
制可以暫時終止國會甫通過法案的生效程序：憲法二十七
條第一項規定除了涉及憲法修正案之外的所有法案，當
超過參議院二分之一、眾議院三分之一的連署門檻條件
時，得向總統提出要求暫停國會方通過法案之簽署暨公佈
施行程序的「聯合請願」（joint petition）。假使總統認
定該法案確為「國家重大事項」時，就必須經由公民投票
批准之後始得簽署該法案並公佈施行。然而總統亦有權認
定該法案並不涉及國家重大議題，此時便無公民投票之必
要。簡單來說，當國會兩院向總統提出聯合請願之後，可
能發生下列三種情況：第一、總統認為事關國家重大利益
需要交付人民公決，而在總統決定後的十八個月期限之內
舉辦公民投票；第二、總統認為該法案並不涉及國家重大
利益，在知會兩院議長之後簽署並公布生效；第三、總統

---

[5]　Sénat, France, "Le référendum".

在總理建議之下解散眾議院，啟動全面改選的程序，假使重新選出的眾議院於十八個月的期限內再度通過該法案，則該法案即可公布施行。由於總統的角色在一般性公民投票當中扮演著公民投票能否成案的關鍵，因此從總統的角度來看，一般性公民投票可被視為屬於總統的「被動公民投票發動權」。

然而這項國會否決權的設計卻不免令人產生下列疑問：既然已經是由國會多數所通過的法案，卻又由國會兩院自己向總統提出否決剛剛才通過法案的請願，此項看似不合乎邏輯的矛盾行徑豈非立法權自打嘴巴？合理的解釋或許是因為提出聯合請願時眾議院所需的席次僅需要三分之一的少數門檻，所以吾人可將此設計解釋為提供少數黨針對國家重大議題尋求人民公決的一種憲政平衡關卡，目的在於防止執政的多數黨把持國會濫權專斷、利用國會多數的優勢強行通過任何可能損及國家利益的法案。當然這項國會否決權的限制條件嚴苛，前提除了要有眾議院三分之一的議員贊成之外，還要加上參議院超過半數（亦即超過三十名的門檻）支持該聯合請願案，這項聯合請願才有

資格提出；並且還得經過由人民直選的總統[6]認定該法案的確涉及國家重大利益，必須直接由全體人民決定時，公民投票才會舉辦。

（三）公民投票相關法律

愛爾蘭憲法當中與公民投票相關的法律落在憲法第二十七條、四十六條及四十七條；一般法律中涉及公民投票相關規定的則有一九九二年選舉法（Electoral Act 1992）、二〇〇九年選舉法修正第二號（Electoral Amendment No.2 Act 2009）以及一九九四年到二〇〇一年的公民投票法（Referendum Acts 1994 to 2001）[7]。上述憲法及各項法律僅規定公民投票舉辦時各項程序性的相關事宜，並沒有對公民投票的主題或是內容加以禁止或限制，也就是說愛爾蘭並無針對公民投票實質內容違憲審查的設計[8]，僅有民

---

[6] 愛爾蘭總統雖為直接民選產生，但其權力有限，為一名弱勢總統。參見 Lijphart, A著，陳坤森譯，《當代民主類型與政治》，台北：桂冠，1993年。

[7] Department of the environment, heritage and local government, "Referendum result 1937-2009".

[8] Conseil de l'Europe, Commission de Venise, "Le referendum en

眾可以針對公民投票的暫時結果向高等法院提出質疑請願的審查機制[9]。

（四）需公民投票事項

　　憲法規定愛爾蘭對於由國會所通過的憲法修正案須進行強制性公民投票（憲法修正公民投票），以及在國會兩院向總統提出聯合請願時，若總統認為該法案涉及重大國家利益事項時亦須公民投票（立法公民投票）；此外，在一九八七年高等法院於Raymond Crotty v. An Taoiseach and others的判決中認為愛爾蘭與歐盟所簽訂的所有條約皆涉及憲法修訂，所以都應該經由公民投票批准（歐盟公民投票）[10]。因為愛爾蘭公民對於任何的憲法變動都有權以投

Europe-analyse des regles juridiques des etats europeens", Etude n 287/2004, le 2 novembre 2005.

[9] 公民投票的暫時結果（provisional certificate）會公佈於愛爾蘭政府公報，若公告之後七天內無人向高等法院提出質疑請願，則公民投票結果視為確定；反之，則由高等法院進行後續程序的處理。

[10] 雖然歐盟公民投票亦屬於憲法公民投票的範疇，然而為了進行細部區分，作者將歐盟公民投票從憲法公民投票中劃分出來，以求更精確的意思表示。亦有主張將此歸類為「主權公民投票」（référendum de

票方式表達個人意見，再加上愛爾蘭與歐盟的整合進程並
不是屬於該國政府單方面的專屬權力，最終的決定權還是
回歸到愛爾蘭人民的手上，這使得愛爾蘭的全國性公民投
票次數在歐洲國家中位居前茅。

1、憲法修正公民投票與歐盟公民投票

在憲法修正公民投票部分，如果該修憲法案由人民公
民投票同意，則總統簽署該修憲案並公佈，憲法也依此明
確的增修文字修訂[11]。最初憲法修正公民投票的議題多半
屬於選舉制度變革的修正案，例如一九五九年及一九六八
年的眾議院選制修改，一九六八年的眾議院選區劃分，一
九七二年的降低法定投票年齡等；接下來則多集中在具有
高度社會爭議、攸關社會價值選擇的命題，例如一九七二
年取消宗教的特殊地位（國家與羅馬天主教廷的關係分
離）、一九七九年的收養、一九八三年、一九九二年的墮

---

souveraineté），參閱 Conseil de l'Europe, Assembléee parlementaire,
"Référendum: vers de bonnes pratiques en Europe", Doc. 10498, 8 avril
2005.

[11] Department of the environment, heritage and local government,
"Referendum result 1937-2009".

胎合法化、一九八六年、一九九五年的離婚合法化等；近年來則較為集中在涉及國家主權讓渡的事項，例如關於歐盟建構與整合的國際公約批准，以及國際刑事法院規約的批准[12]。

　　由於該國政府與歐盟之間若有任何的權利變動皆需要公民投票批准，所以當愛爾蘭在2001年以公民投票否決尼斯條約時便廣泛引起世人注意[13]。二○○八年六月里斯本條約被否決時更引發歐盟內部的高度關切，導致其他尚未批准里斯本條約的歐盟成員國們暫時終止批准程序[14]，歐盟整合工程不得不暫告停頓；直到二○○九年六月歐盟高峰會對愛爾蘭作出讓步，同意愛爾蘭在一些領域裡可以享有例外的待遇，像是維持該國軍事中立的傳統、對企

---

[12] 國際刑事法院牽涉到國家司法主權的讓渡，因此需經公民投票。有關國際刑事法院的細節可參閱 Szu-Wei Wang, *La souveraineé de l'Etat et le crime contre l'humanité*, Lille, ANRT, 2008.

[13] 在里斯本條約之中本受到愛爾蘭人民強烈質疑的部份是如何維持軍事中立的傳統，歐盟部長理事會因應此項要求因而發表了 Seville 宣言（Seville Declarations on the Treaty of Nice）確認愛爾蘭的軍事中立原則與尼斯條約並不牴觸，條約中亦沒有任何義務要求愛爾蘭改變其傳統政策，藉此紓解愛爾蘭民眾對於尼斯條約的疑慮。

[14] 在此之前已經有 18 個歐盟會員國完成了批准的程序。

業所採取的低稅賦制、禁止墮胎的規定，以及享有一位由愛爾蘭任命的歐盟執委會委員（這也使得歐盟各國得以繼續保有一名執委的任命權）等具體承諾後[15]，愛爾蘭於二〇〇九年十月二日再度啟動里斯本條約公民投票時，才以67,13%贊成、32,87%反對的結果過關。正因為愛爾蘭是唯一需要公民投票批准里斯本條約的歐盟國家，其他二十六國皆僅由國會批准的程序完成，相較之下便顯示出愛爾蘭公民投票制度在捍衛國家利益上的可貴之處。愛爾蘭至今總共舉辦了八次與歐盟相關的公民投票。

2、一般性公民投票

關於一般性公民投票的部份，憲法二十七條第三項中規定聯合請願的要求必須於國會兩院通過該法案後四日內提出。倘若總統認為該法案確有徵求公民意見的需要，則須在十八個月的期限之內讓選民經由公民投票方式批准該

---

[15] 歐盟高峰會給予愛爾蘭的法律相關保證（legally binding guarantees）歸結如下：愛爾蘭憲法所規定的基本權，如生命權（禁止墮胎）、家庭權、教育權等等之維持；稅制自由；不影響愛爾蘭的安全及國防政策；不影響愛爾蘭的軍事中立傳統；共同防禦政策需要理事會的共識決；愛爾蘭沒有參與歐洲防禦專署（European Defense Agency）的義務。

法案，爾後方可公佈施行；另一種讓法案生效的途徑是解散眾議院，由改選之後的眾議院於十八個月的期限內再度通過該法案時，即可公布施行。倘若總統認為該法案並不具有應當援引公民投票的重要性，也就是不屬於國家重大議題時，則可在知會兩院的議長之後簽署該法案。惟獨後兩項的生效途徑並不涉及公民投票。

　　總結而言，凡涉及憲法修正與歐盟事務者皆需公民投票，亦即在憲政層級與攸關國家主權讓渡的真正決策者是愛爾蘭人民，而不是政治人物或官僚體系可以越俎代庖的。因此愛爾蘭人民能夠透過公民投票制度真正地掌握國家與社會發展的動向，亦即是透過公民投票制度讓人民與政府之間產生直接的連結、發揮公民投票應有的主導與控制權力的功能，達到以直接民主進行權力制衡的目的，防止執政者的濫權[16]。

---

[16] Conseil de l'Europe, Assembléee parlementaire, "Référendum: vers de bonnes pratiques en Europe".

（五）公民投票之落實

1、公民投票選務機關

　　環境、遺產與地方政府部（Department of the Environment, Heritage and Local Government）為負責公民投票舉辦的中央部會，該部頒布命令指定公民投票投票日暨投票時段。愛爾蘭的公民投票除了單獨舉辦之外，亦可集合多項公民投票案一同舉辦，或是與全國性選舉或地方性選舉合併舉行。公民投票日多為星期三、星期四或星期五（僅有一次為星期六），每次公民投票的投票時段並不固定，可於上午七點至下午十點半之間提供選民至少十二個小時的投票時間[17]。

　　環境、遺產與地方政府部於頒布上述命令時指派一名公民投票監察官（referendum returning officer）負責公民投票的全程選務辦理事宜。公民投票通常是沿用眾議院

---

[17] Department of the environment, heritage and local government, "Referendum result 1937-2009".

選區作為公民投票選區，因此負責該選區的眾議院選舉
監察官則同時擔任地方的公民投票監察官（local returning
officers for the referendum）；然而為了便利地方上的選務
辦理，當公民投票與地方選舉一起舉行時，環境、遺產
與地方政府部有權將各縣市議會選區劃分成公民投票選區
以利作業，因此公民投票選區並非固定不變。為了讓每個
公民投票選區的投票得以順利進行，地方的公民投票監察
官可指派部署協助、提供選務所需設備以及所有必要的安
排；投票結束後由各地方的公民投票監察官將投票結果呈
報給公民投票監察官，再由公民投票監察官公佈該項公民
投票的暫時最終結果（provisional certificate）於愛爾蘭政
府公報（Irish Oifiguil）。倘若暫時結果公佈後七天內並
無任何選民對該公民投票結果向高等法院提出質疑請願
（petition questioning），則公民投票監察官即向總理與總
統寄發公民投票結果證書（certificate of the result）。

2、公民投票委員會（Referendum commission, Coimisiún
　　Reifrinn）

公民投票委員會係依1998年之公民投票法而設立，

為一非常設性之獨立機關；當公民投票案成立時，環
境、遺產與地方政府部長得頒布成立命令（Establishment
Order）設立公民投票委員會，而至今已有九個公民投票
委員會成立（見下表一）。一九九八年公民投票法中規定
該委員會成員共五名，其中主席須由前最高法院或前高等
法院法官，或是現任高等法院法官擔任，另外四位成員
分別是眾議院秘書長（Clerk of the Dáil）、參議院秘書長
（Clerk of the Seanad）、監察使（Ombudsman）及審計長
（Comptroller and Auditor General）。

公民投票委員會的主要任務是用簡單、有效率的方式
向民眾解釋該公民投票議題的意涵，以及向民眾提供它認
為的適當資訊、贊成與反對陣營之各種意見陳述，並得
透過資訊活動（information campaign）[18]進行公民投票議
題宣導。然而經過二○○一年公民投票法的微幅修訂之
後，目前公民投票委員會已無需向民眾提供贊成與反對陣
營的意見，並且取消其對於促進公民投票議案辯論或討論

---

[18] Ireland, Referendum Commission, "Report of the Referendum Commission on the Referendum on the twenty-eighth amendment of the constitution (treaty of Lisbon) bill 2009, march 2010.

的任務；但仍保留提升公眾對於公民投票的認知並鼓勵選民踴躍投票的義務。公民投票委員會並有權透過電視、廣播或其他電子媒體對選民發佈公民投票相關訊息。

　　由於公民投票委員會要製作及提供社會大眾獨立且客觀公正的公民投票資訊，所以公民投票委員會負責編輯並出版、發送關於該次公民投票的一般性資訊宣傳手冊，並且可以在媒體上刊登廣告。最新的公民投票委員會是於二〇〇九年十的里斯本條約公民投票之前設立，該公民投票委員會在公民投票日之前架設里斯本條約公民投票的專屬網站[19]，提供里斯本條約的閱讀導覽等說明。公民投票委員會在公民投票日的數星期前透過電視、廣播、報章、戶外及電影廣告進行相關資訊宣傳的廣告活動（advertising campaign）[20]，同時電視廣告於播出時亦佐以字幕，公民投票資訊的手冊也被製成影像版及配上愛爾蘭手語，提供聾人同胞了解此項公民投票的相關資訊。公民投票委員會

---

[19] 里斯本條約公民投票網站網址：http://www.lisbontreaty2009.ie/

[20] Referendum Commission, "Report of the Referendum Commission on the Referendum on the twenty-eighth amendment of the constitution (treaty of Lisbon) bill 2009.

的宣傳訊息手冊亦備有盲人點字版及錄音帶，並透過愛爾蘭國家盲人委員會提供給視障同胞使用。公民投票委員會必須要公平地給予所有相關人士公平、公正的對待，也因此公民投票委員會必須注意公民投票案在各種形式及管道上的呈現是否中立與客觀，例如公營與私營媒體之立場公正性、政府不得運用公家預算進行贊成或反對的政策宣導等，公家機關之預算僅能使用在對於公民投票內容資訊的宣導等[21]。易言之，公民投票委員會的角色不但是公民投票議題資訊流通的平台，並且須致力維護公民投票全程在公平的環境之下進行，成為公民投票的監督者。

當公民投票委員會完成當次任務後，須於六個月內向環境、遺產與地方政府部長提出報告，並於報告提出後一個月內解散。報告中除了詳述委員會的各項作業之外，還會提出具體的檢討及改善建議讓政府參考。

---

[21] Conseil de l'Europe, Commission de Venise, «Tableaux de synthèse sur les référendums nationaux des réponses au questionnaire de la Commission de Venise sur le référendum», CDL-AD(2005)034add, 2, Novembre, 2005.

表一 公民投票委員會列表[22]

設立日期	公民投票議題	公民投票日	費用
1998年3月2日	阿姆斯特丹條約	1998年5月22日	€2.8m
1998年4月22日	英國 ── 愛爾蘭協議	1998年5月22日	€2.7m
1999年5月4日	承認地方政府	1999年月1日	€0.8m
2001年4月17日	死刑廢除	2001年6月7日	€1.1m
	國際刑事法庭		€1.1m
	尼斯條約		€1.6m
2002年2月8日	墮胎	2002年3月6日	€2.6m
2002年7月9日	尼斯條約	2002年10月19日	€4.1m
2004年4月22日	公民身分	2004年6月11日	€3.1m
2008年3月6日	里斯本條約	2008年6月12日	€5.0m
2009年7月7日	里斯本條約	2009年10月2日	*約€4.2m

（六）公民投票的通過門檻與相關限制

1、憲法修正公民投票的門檻

　　程序規定：憲法第四十六條第二項規定，對於憲法的

---

[22] Ireland, Department of the environment, heritage and local government, "Referendum result 1937-2009"；Ireland, Referendum Commission, "Report of the Referendum Commission on the Referendum on the twenty-eighth amendment of the constitution (treaty of Lisbon) bill 2009, march 2010.

修正案應由眾議院以法案方式提出，經眾議院與參議院兩院通過之後，在合乎相關現行法律規定下由人民公民投票決定。

公民投票成功門檻：按照憲法第四十七條第一項，依據第四十六條規定下提出的憲法修正案提案須由人民公民投票同意；當多數人民經公民投票同意該修正案時，則該法案通過，憲法也依照該條文修訂。愛爾蘭的投票並非強制性的公民義務。

2、立法公民投票的門檻

時間期限：根據憲法第二十七條第三項，於國會兩院通過該爭議法案的四天之內須由超過眾議院三分之一的議員與參議院多數向總統提出聯合請願。憲法第二十七條第四項第一款規定，在該爭議法案通過的十天之內，總統需決定是否將該案提交公民投票。若總統決定將該案交付人民公民投票，則需要於他做出決定的十八個月之內進行公民投票。

公民投票成功門檻：根據憲法第四十七條第二項，立法公民投票的選舉人數門檻為至少需超過總選舉人數的百

分之三十三又三分之一；當達到上述選舉人數門檻時，若有多數選舉人反對該法案生效時，該法案則被視為否決。

3、公民投票併大選

愛爾蘭共有五次公民投票是與其他類型的選舉一同舉辦的，例如曾經與公民投票同時舉辦的有歐洲議會議員選舉、地方政府選舉、總統選舉等。公民投票與全國性選舉一同舉辦時，並不產生任何違法或公民投票無效的爭議。

4、進行二度公民投票的可行性

二〇〇一年六月愛爾蘭在尼斯條約的批准公民投票是以53,9%的公民投票反對而遭到否決，當時的總理Bertie Ahern以該次公民投票的投票率太低為藉口（僅有34.79%投票率），於是在二〇〇二年十月針對尼斯條約舉辦第二度公民投票。

二〇〇八年六月的里斯本條約公民投票則是以53,4%的反對高於46%的贊成比率遭到否決（投票率為53,1%），然而此次的投票率已經超過五成，所以不能援

引上次尼斯條約公民投票的前例。為求解套方案，二〇〇八年十一月愛爾蘭國會的歐洲事務聯合委員會（The Joint Committee on European Affairs）認為針對里斯本條約舉行二次公民投票是可行的，因為「並無任何現行法律規定不能針對相同或經過修正後的議題進行公民投票」（ "no legal obstacle appears to exist to having a referendum either on the same issue... or some variation thereof." ）[23]；然而反對者則認為依據民主精神的基本原則，一旦被否決過的公民投票就不應該進行重新投票，否則關於該公民投票的爭議將永無寧日。不管如何，愛爾蘭國會的決議為里斯本條約的第二次公民投票授予法律依據，讓政府得以重啟里斯本條約的公民投票程序。

　　由上述兩個歐盟公民投票案例的狀況可以發現，愛爾蘭在對於公民投票被否決之後是否能夠針對同樣的議題進行二度公民投票，其實在法律上仍有未明之處[24]，這造成

---

[23] 見愛爾蘭國會網站http://www.oireachtas.ie/documents/committees30thdail/j-europeanaffairs/Sub_Cttee_EU__20081127.doc

[24] 原則上是在相隔一段期限之內不得二度進行相同議題的公民投票，惟獨該期限應為多長，未有定論。見 Conseil de l'Europe, Commission de Venise, "Lignes directrices sur le référendum constitutionnel à l'échelle nationale".

了公民投票的實際運作一旦發生爭議時，在法律解釋上仍有相當的模糊地帶；然而根據過去的歷史經驗來看，愛爾蘭曾經針對投票制度的改革、離婚、墮胎等國家與社會的重大議題在不同年代裡也曾舉辦過不只一次的公民投票，雖然各次的再度公民投票內容並不盡相同，公民投票結果也不一定獲得逆轉，但是主要的爭點大同小異，因此廣義上它們雖然分別屬於不同的公民投票議題，但從狹義的角度加以檢視時，將它們視為相同的公民投票亦無不可。這使得二度公民投票成為愛爾蘭在公民投票實際運作上的一項特色。

三、小結

愛爾蘭的公民投票制度設計有其特殊的歷史背景與意義，旨在維護國家主權完整的用意十分清楚。舉凡憲法內容變動、國家主權維護、涉及未來國家發展與社會走向等國家重大議題都要經過人民公民投票決定，讓人民對國家前途「擁有最終的決定權」，這點無疑是落實「人民做主」精髓的最佳表現。換句話說，愛爾蘭憲政秩序的中心

是人民而非官僚體系，將人民視為國家發展的利害關係人
（stakeholder），該國的公民投票制度也依此建構。

　　雖然愛爾蘭公民並無主動提出公民投票案的權利，而
必須經過代議制度當中的行動者代勞，但是從公民投票的
次數即可得知這項權利的闕如並不足以構成妨礙公民行使
公民投票權的障礙。

　　至於愛爾蘭的憲法修正公民投票設計是將該國人民視
為制憲者的角色[25]，這也等同於利用屢次的全國性公民投
票不斷地讓人民行使制憲權，藉以更新政府的權力基礎與
國家統治的正當性。考量該國過去與英國糾葛不斷的歷史
背景與北愛爾蘭尚未獨立的特殊情況，此項設計對於愛爾
蘭的國家建構與民族意識的凝聚上著實具有難以取代的
意義。

　　在歐盟公民投票上，因為人民有權決定愛爾蘭是否有
與歐盟進行更深入關係發展的必要，所以政府無法規避民
眾的任何質疑，這促成的效果是政府一方面必須向人民清
楚解釋相關政策之立場與得失利弊，另一方面也迫使政府

---

[25] Conseil de l'Europe, Commission de Venise, "Le référendum en Europe-Analyses des règles juriduques des Etats européens".

在兼顧捍衛國家主權、捍衛社會價值之外還需透過國際協商與大國們討價還價，並謀取國家最大利益，才能向人民交代，得到人民的信任而通過公民投票。另外在此特別要提出的是關於公民投票之效力與意涵的部份，愛爾蘭的全國性公民投票並非諮詢性質，而是具有法律約束力的強制性效果。但對政府已經簽署的國際條約若經人民公民投票否決之後，其所代表之意義並非否決該條約之簽署，而是該條約的生效時期受到凍結而已，這點可從尼斯條約於第二次公民投票時通過的例子得到驗證。

而一般性公民投票因涉及國家重大利益之決定，發生要件須先經國會兩院向總統提出法案否決的聯合請願，此舉可以被看作是國會少數黨與民選的總統所共同擁有的法案否決權。將有爭議的法案透過公民投票的方式進行全國性的民意諮詢，可避免多數黨利用國會多數的優勢通過不利於國家的法案，損及國家利益與全民福祉。

此處必須強調的是公民投票舉辦過程當中公民投票委員會的任務與角色，這是愛爾蘭公民投票制度裡最為特殊的一環。公民投票委員會的任務是促使公民投票可以在公平、公正的環境中讓議題獲得充分討論，它超然、中立的

客觀地位監督公民投票的正反意見陣營皆保有等同的選舉資源，讓公民投票回歸到議題的實質內容，而不是放任公民投票議題被淹沒於文宣戰或媒體戰之中，避免選民們因為正反陣營之間所投注資源的差異而影響而客觀的判斷、扭曲公民投票結果，進而喪失最初舉辦公民投票的本意。

　　法國詩人Paul Valéry曾說：「如果政府強大，我們則會受到壓迫；如果政府孱弱，我們則會滅亡。[26]」政府的權力必須受到節制與監督，人民的權利必須受到保障，唯獨具備了這兩項條件，民主與自由才能相輔相成、相得益彰；換言之，一個強勢的野蠻政府不能為所欲為、以百姓為芻狗般地踐踏人民、遂行高壓統治與白色恐怖；一個無能的孱弱政府也不能自棄國格及國家尊嚴、無顏地向外國乞求施捨或讓利、視人民為無物。而唯一能夠合理、有效地調節政府與人民關係的制度就是直接民主的公民投票設計。與其他國家相較，愛爾蘭的公民投票制度或許不能說是最佳的典範，但可貴之處在於其精巧地在政府與人民之

---

[26] Si l'État est fort, il nous écrase. S'il est faible nous périssons.

間取得一個權力制衡的平衡點，讓政府權力對內不能擴張、對外卻也不致於弱化而損及國家與人民利益。該國的公民投票制度在實際運作上確實符合人民做主的精神，頗值得吾人參考與關注。

第六章
南蘇丹獨立公投

Peace cannot be kept by force.

It can only be achieved by understanding.

~Albert Einstein

一、蘇丹的南北衝突與和平進程

（一）蘇丹情勢簡介與南北衝突背景

南蘇丹（Southern Sudan）於二〇一一年一月所舉辦的人民自決公民投票結果以壓倒性的絕對多數支持與蘇丹分裂而獨立，於同年七月成為非洲第五十四個國家，也是世界上最新獨立的國家之一。

　　地理位置上，蘇丹位於非洲北部，瀕臨紅海，北方與
埃及相接，東南方與厄利垂亞及衣索比亞為鄰，西方則與
查德及中非共和國交界。北方於尼羅河及紅海地區與埃及
之間尚存有少部分的領土爭議。蘇丹擁有的重要天然資源
主要是石油，占出口總值的七成。若依照國土面積的大小
來計算，蘇丹擁有二百五十萬平方公里目前為非洲第一大
國、世界排名第十大國；而即將獨立的南蘇丹面積近六十
四萬平方公里，約略相當於法國的面積。

　　蘇丹全國有七成民眾為信仰伊斯蘭教的穆斯林，其餘
則信奉泛靈教（Animism），僅約十分之一的人口信奉基
督教；若依地域來看，伊斯蘭的信眾主要集中在北部，南
部則以泛靈教與基督教為主。除了宗教信仰不一之外，蘇
丹的種族與族群也相當多元，共計有五十七個不同的種族
散佈於五百七十個部落之中[1]，這也使得蘇丹在國內的語
言使用上呈現豐富的樣貌，共計約有一百八十種語言及方
言存在[2]。而在種族的分布上亦可發現有明顯的區域性差

---

[1]　Paul W. Gore, "Note sur l'ethnicité et les relations ethniques au Soudan", *CERD, Egypte/Monde arabe*, 1993.

[2]　Catherine Miller, "Langues et identité", in Marc Lavergne, *le Soudan*

異，蘇丹北部的族群主要是阿拉伯人，南部則以非洲黑人為主[3]。

南北蘇丹的疆界劃定始於一八三九年時土耳其－埃及政權以緯度十度為界，而南部基本上並屬於不受其控制的勢力範圍。一八九九年英國與埃及聯合進入蘇丹後，相較於北蘇丹的阿拉伯－伊斯蘭地區在短期間內就獲得控制，南部複雜的種族情勢僅仰賴強勢的軍事手段方式加以壓制，多數地區甚至要到一九二〇年代末期局勢才漸趨穩定。在英國殖民時期的蘇丹的發展重點主要集中於尼羅河谷的墾殖地區，此時發展上的南北差距逐漸形成。另外，英國殖民統治下刻意地透過政策將南蘇丹與北蘇丹做出區隔，主要是基於統治的方便並同時防堵民族主義在南蘇丹的滋長蔓延，所以透過種種的南蘇丹歧視政策進行南北的隔離：如一九一七年設立以招募南蘇丹人為唯一成員的軍隊（Equatoria Corps），一九一八年明定英語為蘇丹官方語言，一九二一年頒布Indirect rule管控原住民部落文化與政治社會結構的保存，一九二二年Passport

---

contemporain, Paris, Editions Karthala, 1989.
[3] Horn of Africa, "country profile: Sudan".

and Permits ordinance授權總督長官可全面禁止或限制非當地人在特定區域的進出、經商或雇用勞工，一九二二年Closed District Order禁止人民自由進出達佛（Darfur）、厄瓜多利亞（Equatoria）等地區，一九二五年Permits to Trade Order禁止北蘇丹人到南蘇丹經商等等各項高度限制南蘇丹實現整體發展的殖民政策。簡單地說，英國的作法是藉由極端分化的政策將南蘇丹碎裂成難以統合的小區域勢力，目的在於讓南蘇丹無法凝聚成為一股具氣候的反對力量而形成對英國殖民統治的阻礙[4]。

　　二次世界大戰結束之後，英國在埃及的壓力下同意讓蘇丹成為獨立國家[5]，然而此時所遭遇到的實際問題便是長期處在隔離政策之下的南蘇丹於政治、社會與經濟上的發展程度與北蘇丹相去甚遠，此時若貿然將南蘇丹與北蘇丹合而為一時將會引發嚴重的適應不良問題[6]；所以一九

---

[4] Christian Delmet, "Construction de l'Etat et conflits de nationalismes au Soudan", in *Revue du monde et de la Méditerranée*, N.68-69, 1993.

[5] 蘇丹的民族主義於第一次世界大戰時開始發展，然而該民族主義卻分為兩派，一派希望與埃及統一、另一派則主張獨立。最終是由獨立派勝出。

[6] M.O. Beshir, *The Southern Sudan : Background to Confllict*, London, Hurst & Co., 1968.

四七年在南蘇丹首府朱巴（Juba）所舉辦的一場會議裡，
南蘇丹代表即提出南北蘇丹的倉促統一將會造成南方利益
立即損害的嚴正質疑，因此主張南蘇丹需要一段時間培養
具有能力捍衛南方利益的政治精英，並且也需要重新建立
起對北方的信心[7]。接著在一九五一年的制憲籌備會議中
有十三個成員，其中唯一的一位南方代表主張未來蘇丹應
實施聯邦制，因為這將是唯一可以避免發生南蘇丹在被
「逼婚」的狀況下可以不出差錯的最佳中央政府形式，然
而此一建議並未被制憲會議的其餘成員所採納[8]，這隨即
導致了南蘇丹進一步杯葛於一九五四年所舉辦的臨時政府
成立的國會選舉，也從此埋下了日後數十年間南北衝突不
斷的導火線。

　　蘇丹於一九五六年一月一日正式宣布獨立，然而第一
次內戰卻早已於一九五五年爆發；更不幸的是北蘇丹一心
想要將蘇丹全面伊斯蘭化的各項強硬政策引起非穆斯林族
群的強烈反彈，這些強制性的作為都使得原本並非屬於非
伊斯蘭文明的南蘇丹人民更不願意接受北方的統治與領導

---

[7]　Christian Delmet, *op. cit.*

[8]　*ibid.*

而挺身反抗。上述種種不利於和平推展的負面因素導致蘇
丹局勢到後來演變成為長達數十年的南北內戰耗損，直到
國際社會的強力介入之下才逐漸緩和。

（二）蘇丹的兩次南北戰爭

第一次蘇丹內戰發生於一九五五年至一九七二年之
間。這場戰爭主要的進行地點位於蘇丹南部，是北蘇丹
和南蘇丹之間的武裝軍事衝突；第一次蘇丹內戰造成
了約有五十萬名南蘇丹人民死亡，死亡者又以平民居多
而非軍人，以及造成數萬人被迫離開家園避難，成為無
法返鄉、流離失所的「國內難民」（Internally displaced
people）。直到一九七二年三月二十七日作戰雙方在衣
索比亞首都阿迪斯阿貝巴簽署「阿迪斯阿貝巴協定」
（Accord d'Addis-Abeba）之後，南北的軍事衝突暫時告
一段落。北蘇丹在阿迪斯阿貝巴協定當中的讓步包括允許
南蘇丹成立自治區，且該協定也被納入一九七三年五月
的蘇丹新憲法，然而此舉仍並未有效地降低雙方緊張關
係，終究導致第二次蘇丹南北戰爭的爆發。

　　第二次蘇丹內戰始於一九八三年，事實上也可視為是第一次蘇丹內戰的延續。內戰的引爆點在於蘇丹總統尼梅瑞（Nimeiry）要在蘇丹進行全面性的伊斯蘭律法推展，並想讓蘇丹成為純粹的伊斯蘭國家，此舉引起在南部占絕大多數的非穆斯林居民不滿，導致更多的南部人參加甫成立不久的武裝解放勢力「蘇丹人民解放軍」（Sudan People's Liberation Army，簡稱SPLA）進行暴力反抗。但第二次蘇丹內戰的原因除了積重難返的南北文化、社會、政治等高度差異的基本問題之外，還加上了利益龐大的石油資源誘因，因為蘇丹主要的石油產區位於南蘇丹，而南北雙方都想爭奪石油資源的主導與控制權，因此戰火一發不可收拾。這場戰事的主要進行地區依然是在南蘇丹，前後總共造成約二百萬人喪生、四百萬南蘇丹人被迫逃離家園、六十萬出走到鄰近國家成為難民的人道慘劇。這是二次世界大戰之後平民傷亡最慘重的一場戰爭[9]，直到二〇〇五年一月全面性和平協議簽訂之後第二

---

[9]　另一件人道悲劇是位於蘇丹西部的達佛（Darfur）事件，自 2003 年起巴席爾政權派遣阿拉伯民兵進駐達佛時所犯下反人道罪的暴行引起國際社會的強烈譴責，聯合國並給予制裁，巴席爾也成為唯一一位被國際刑事法院

次蘇丹內戰才算正式結束。

　　在蘇丹兩次的南北戰爭期間，僅有一九七二年到一九八三年的期間是屬於情勢稍微和緩的狀態，這段時期雖然武裝衝突事件仍繼續存在，不過規模與次數都有弱化的現象。簡單地說，蘇丹自獨立之後即使不是在內戰衝突期間，國內也是長期處於一個不和平的非戰（no war）狀況之下；而南北雙方多年來在嘗試著解決蘇丹問題時，則一直因為南方自治與自決問題遲遲未能得到喀土穆的同意與諒解、以及北方執意推動伊斯蘭律法的強硬態度，致使蘇丹的和平協議進展屢屢遭受阻礙而難有實質進展。

（三）蘇丹的和平進程

　　在一九七二年的阿迪斯阿貝巴協定簽署之後，雖然南方在表面上獲得一部分自治的權力，但在北方仍持續推動伊斯蘭律法的種種政策施為底下，南蘇丹抗拒北蘇丹統治的力量愈來愈強，因此一九八三年由John Garang

---

通緝的現任國家元首。2004 年底非洲聯盟（African Union）亦曾派遣監督停火部隊。

領導成立的「蘇丹人民解放軍」隨即成為南蘇丹的主要
反對勢力，採取與喀土穆（Khartoum）對抗的立場。北
蘇丹則自一九八九年起由巴席爾（Umar Hassan Ahmad al
Bashir）與來自伊斯蘭民族陣線黨的盟友圖拉比（Hasan
Abd Allah al Turabi）所領導，該政權上台之後迅速地向伊
斯蘭主義者靠攏，而稍後巴席爾將圖拉比逐出政府後於二
〇〇二年掌權至今。

　　南北雙方在歷經長年的政治角力與軍事衝突、以及國
際各方勢力的奔走調解之下，蘇丹政府與蘇丹人民解放軍
之間的協商終於達成若干具體結論，二〇〇二年六月雙方
皆同意南方的自決公民投票將在和平協議生效的六年內舉
辦，且在此過渡期間伊斯蘭律法將不適用於非穆斯林的南
方民眾身上。附帶的還有停火協議，國家機構規定，自治
區的治權安排，石油收入的分享計算方式，聯邦統治架
構的規劃等事項。在經歷了數十年的內部軍事衝突與政
治動盪之後，南北雙方於二〇〇五年一月在國際眾多代
表的見證下[10]簽署了「全面性和平協定」（Comprehensive

---

[10] 肯亞總統、烏干達總統、埃及外交部長、義大利外交次長、荷蘭特使、挪威
國際發展部長、英國國際發展部長、美國國務卿、非洲聯盟主席、歐盟代

Peace Agreement，簡稱CPA），其中達成諸項重要協議，包括了喀土穆對南蘇丹給予相當程度的讓步，如允許南蘇丹成立自治政府（Government of Southern Sudan，簡稱GoSS）、強化南蘇丹若干地區的安全措施、協助內戰中為數眾多流離失所的南蘇丹民眾返鄉、促進南蘇丹當地商業及市場的發展等。雙方還同意南蘇丹在此協定簽訂後六年內實行自治，並於六年的自治過渡期間結束之後於二〇一一年舉行人民自決公民投票，讓南蘇丹人民自己決定南蘇丹未來要走向統一抑或是獨立。不過事實上「全面性和平協定」的基礎係源於二〇〇二年七月二十日所簽署的「馬查科思議定書」（Protocol of Machakos），此議定書可說是蘇丹和平談判過程中最重要的文件之一，該文件與稍後於二〇〇三年九月到二〇〇四年五月間所簽署的五項協議，被二〇〇五年一月九日簽訂之「全面性和平協議」一併納入其中。

　　「馬查科思議定書」的重要性在於其奠定了解決喀土穆與南蘇丹之間所有衝突的基礎，其中提出了蘇丹的團結

表、阿拉伯聯盟秘書長、聯合國特使、IGAD 代表等人見證該文件之簽署。

統一係基於人民的自由意志、民主治理、平等及對南蘇丹
人民的尊重等要素所組成，因此南蘇丹人民有權實施自治
並且公平地參與中央政府的運作，南蘇丹人民擁有人民自
決權並有權透過公民投票決定他們未來的前途。「馬查科
思議定書」當中並且提出在六年的過渡時期中，藉由國際
勢力的監督（政府間發展組織[11]、美國、挪威、義大利、
英國）落實和平協議，並於過渡期結束後在中央與蘇丹
人民解放運動／軍（Sudan People's Liberation Movement /
Army，簡稱SPLM /A）所共同的舉辦公民投票中讓南蘇
丹決定未來要與北蘇丹統一或者是獨立[12]。

　　在此吾人可以觀察到的是當簽訂「馬查科思議定書」
時，蘇丹政府就已經決定對南蘇丹做出極大程度的讓
步，這項看似慷慨的讓步即是同意南蘇丹的人民擁有自決
權，並且可以在一定的過渡期限之後透過公民投票的方式
讓南蘇丹的人民自己決定未來的前途，這點是蘇丹政府在

---

[11] 政府間發展組織（Intergovernmental Authority on Development，簡稱IGAD），
　　成員包括吉布提（Djibouti）、衣索比亞（Ethiopia）、肯亞（Kenya）、索馬利亞
　　（Somalia）、蘇丹（Sudan）、烏干達（Uganda）、厄利垂亞（Eritrea）。

[12] Protocole de Machakos, Partie B, Processus transitoire, point 2.5.

過去最不願意見到的一件事。然而蘇丹政府之所以願意做出如此大幅度讓步的可能原因有國際上與國內政治兩層面的考量；於國際上，喀土穆需要繼續接受各個國際組織的金援來舒緩沉重的外債壓力；於國內政治部份，喀土穆對南蘇丹的擁有人民自決權釋出善意將有助於降低南北衝突的壓力，並可以繼續執行其一貫的各區域分化策略，亦即將南蘇丹解放運動視為喀土穆對話的特殊對象，藉機弱化其他南方勢力與北方反對勢力的結盟力道，特別是在國家民主聯盟（National Democratic Alliance，簡稱 NDA）的部分，希望能進而造成南蘇丹與其他區域分裂或歧異的擴大，從而降低這些反對勢力對中央政府執政的威脅[13]。

　　至於二〇〇五年簽署的「全面性和平協議」雖然是以「馬查科思議定書」作為根基，但它有意處理的並不僅僅是南北雙方的衝突而已，因為既然名為全面性的和平協議，所以還涉及了蘇丹其他地區的問題，例如努巴山

---

[13] 也有國際間的觀察家認為對巴席爾的承諾要察其言、觀其行，因巴席爾過去不遵守約定、出爾反爾的不良紀律，令人對他所說將尊重南蘇丹獨立公民投票結果的說法不得不採取保留態度。參見 Center for strategic & international studies, Richard Downie and Brian Kennedy, "Sudanese Perspectives on the 2011 Referendum", November 2010.

（Nuba Mountains）的衝突解決、阿卜耶伊（Abyei）地區的南北歸屬糾紛，以及南北雙方關於石油資源的收入分配等，內容共有六章及附錄，洋洋灑灑總計兩百六十頁的一份龐大文件集。但這些字面上的協議終究無法替南蘇丹帶來真正的和平與安定，在簽署了全面和平協議四年後的二〇〇九年，卻發生比達佛地區更嚴重的人道悲劇，估計約有二千五百人遭到殺害、三十五萬人被迫離家，這些人道悲劇主要都發生在偏僻的區域，且被害者並非軍人，而是以婦女及小孩居大多數[14]，這也顯示出蘇丹局勢的混亂與難以控制的情況已經不只是單純的南北軍事衝突問題，而是還包括散落於各地民兵派系的嚴重治安問題[15]。因此南蘇丹所面臨的不僅是獨立公民投票通過後將如何順利地邁向獨立之路的難題，還有失敗國家（failed state）[16]如何在各項國家基礎建設形同破碎殘骸的瓦礫堆中進行全

---

[14] Nations Unies, "Rapport du Secrétaire général sur la Mission des Nations Unies au Soudan", 21 octobre 2009.

[15] Oxfam, "Rapport conjoint d'ONG, Sauvé la paix au Sud-Sudan", janvier 2011.

[16] 蘇丹自 2005 年起始終被和平基金會與外交政策期刊列為被聯合國所承認國家中「失敗國家」（failed state）的前三名。

面性重建與恢復秩序的艱鉅任務。

（四）全面性和平協議的背景

自1993年起，「政府間抗旱和發展機構」（Intergovern-mental Authority on Drought and Development，簡稱IGADD）[17]成員國的領袖開始介入調停蘇丹南北衝突的事務，聯合國方面也大力支持並參與這項由「政府間發展機構」（IGAD）所主導協調該區域的和平協議。在政府間發展機構的調停努力之下，蘇丹政府與蘇丹人民解放運動／軍（SPLM／A）最後簽署了一系列協議，共計有下列六項：

  1.「馬查科思議定書」（The Protocol of Machakos）係二〇〇二年七月二十日於肯亞的馬查科思簽署，南北雙方同意在大架構底下對於自治事項、過渡期間安排、政府架構以及南蘇丹自決權等問題進行處理。

---

[17]　該組織為政府間發展組織（IGAD) 的前身。

2. 「安全協議議定書」（The Protocol on security arrangements）係二〇〇三年九月二十五日於肯亞的奈凡轄（Naivasha）簽署。

3. 「財富共享議定書」（The Protocol on wealth-sharing）於二〇〇四年一月七日在肯亞的奈凡轄簽署。

4. 「權力共享議定書」（The Protocol on power-sharing）於二〇〇四年五月二十六日在肯亞的奈凡轄簽署。

5. 「解決南柯多芬／努巴山及藍尼羅河州衝突議定書」（The Protocol on the resolution of conflict in southern Kordofan / Nuba Mountains and the Blue Nile States）於二〇〇四年五月二十六日在肯亞的奈凡轄簽署。

6. 「解決阿卜耶伊衝突議定書」（The Protocol on the resolution of conflict in Abyie）於二〇〇四年五月二十六日在肯亞的奈凡轄簽署。

除了上述這些協議外還需加上永久停火協議、所有已

簽署協議的落實、與國際間的監督保證，最後方才成為世人目前所熟知的全面性和平協議。至於永久停火協議的商談則是於二○○四年七月在奈凡轄舉行，但因雙方在蘇丹西部（達佛區）與蘇丹人民解放運動／軍的財務監督問題上遲遲未能達成共識，以致永久停火協議的談判一度中斷；南北雙方稍後在國際社會的強大壓力[18]下於同年十月七日在奈洛比重新啟動和平談判，由蘇丹第一副總統塔哈（Ali Osman Taha）與蘇丹人民解放運動／軍主席John Garang舉行面對面會談，雙方最後於十月十六日發表永久停火協議的共同聲明[19]，為蘇丹的和平、也為南蘇丹的獨立之路開啟了新端。

---

[18] 聯合國安理會、聯合國秘書長與秘書長蘇丹特派員、非洲聯盟及政府間發展機構都涉入此協商過程。

[19] United Nations, "The background to Sudan's Comprehensive Peace Agreement".

二、南蘇丹獨立公民投票的歷程

（一）南蘇丹追求自治階段

　　事實上，南蘇丹追求成為獨立國家的目標並非南蘇丹的初衷；於蘇丹獨立初期南蘇丹並未積極尋求自外於蘇丹的獨立國家地位，而僅是尋求一個更寬廣的自治權限。雖然南部人民依然擔心北方的統治優勢對其所可能造成的實質威脅，以及對北方強行在南方推動伊斯蘭教義與阿拉伯語的文化殖民動作深深感到不安與反彈，因此一直主張南蘇丹應當擁有相當程度的自主權作為與之相抗衡的籌碼，但這些關於自主權擴張的期待並無意超越統一的蘇丹國框架，也就是不主動尋求獨立的機會。可以發現在一九五八年新選出的國會中，南方代表重申南蘇丹希望在中央政府體制上能夠採行聯邦制的意願，但同時也有個但書表

示南蘇丹人民具有人民自決的權力，萬一北方不願意與南
方統一時，則南方也將同意脫離北方而獨立[20]，然而這個
要求並未受到北蘇丹正面的回應[21]。在一九六五年三月召
開的一場全國性的政治圓桌會議中邀集了各政黨與政治團
體參加，同時並有非洲觀察員列席，在此會議中南方代表
隨即要求南蘇丹人民應有權利對於下列四個選項進行公民
投票：（一）無條件統一、（二）成立地方自治政府、
（三）成立聯邦政府，或者是（四）獨立。然而北方只願
意接受南蘇丹成立地方自治政府的這個選項，因此成立了
一個由十二名成員所組成的委員會負責研擬「能夠同時兼
顧到南方特殊利益保障與蘇丹整體利益的一項憲法與行政
上的解決方案」[22]。到了一九七二年的阿迪斯阿貝巴協定
中同意讓南方三個省份結合成為一區，並享有特殊的自治
地位、擁有由選舉產生的區議會所指派的區最高行政長官
負責行政與公共秩序維護的工作。區議會並享有若干立法

---

[20] 這意味著假使南蘇丹獨立也是因為北蘇丹不願意與南蘇丹統一，而不是南
蘇丹主動要與北蘇丹決裂。

[21] *ibid.*

[22] M.O. Beshir, *ibid.*

功能，例如經三分之二的票數同意後可以要求蘇丹總統推遲所有損及南蘇丹人民利益的法律生效[23]。然而南蘇丹的區議會並無財政自主的能力，一切都要仰賴喀土穆的國會決定財務分配的多寡，這點也使得南蘇丹的自治運作顯得有名無實。

即便如此，南蘇丹在對抗北蘇丹的運動路線上仍未形成一致的共識，從下列這份文件中可以看出南蘇丹內部對於統一或獨立的選擇並無定見；一九八三年七月蘇丹人民解放運動的政綱中宣示堅定追求政教分離的原則：「南方是蘇丹完整且不可分割的一部分。非洲已經被殖民主義充分地裂解，未來再度分裂的話只會符合敵人的利益…蘇丹人民解放運動／軍要求政府必須與清真寺及教堂分離。」（"The South is an integral and inseparable part of the Sudan. Africa has been fragmented sufficiently by colonialism and its further fragmentation can only be in the interests of her enemies... under the SPLM/Army there shall be separation of state, mosque and church."）[24]弔詭之處在

---

[23] A. Al-Shahi, *La république du Soudan,* Paris, Bergerè-Levrault, 1979.

[24] Horn of Africa, 1985, Vol.8, No.1.

於這是南方團體首次提出國家統一的重要性，並且無意追求獨立自主的地位，尤其是在所有的人民解放運動之中這的確是屬於極為少見的情況。不過稍可理解的是當時John Garang的政治盟友「國家民主聯盟」（NDA）的政治立場是堅定擁護蘇丹領土完整與統一，為了延續此一重要的結盟關係與喀土穆對抗，因此蘇丹人民解放運動／軍需要在基本立場上做出讓步。然而這個捍衛蘇丹國家一統的態度直到了九〇年代明顯開始發生變化，一九九一年九月Garang與九位蘇丹人民解放運動／軍的司令官在Torit簽署了一項新的決議，此時他們認為蘇丹要達到和平的道路有許多選項，例如建立政教分離且民主的單一國、邦聯、兩個主權國家的結合、或者是自決[25]。南蘇丹反抗運動發展到此一階段的路線轉向主張獨立的態勢已經開始明朗。

（二）南蘇丹尋求獨立階段

蘇丹人民解放運動成立於一九八三年，另外尚有蘇丹

---

[25] John Garang, *The call for democracy in Sudan*, London, Kegan Paul, 1992.

人民解放軍的武裝勢力作為相互支援的側翼。蘇丹人民解放運動政綱中的目標是希望解放國家領土並建立一個新的、社會主義、民主且政教分離的新蘇丹。在此目標下，蘇丹人民解放運動／軍的野心並不只是代表南蘇丹人民，而是希望連蘇丹東部、西部、努巴山的人民都能一同集結在蘇丹人民解放運動的旗幟下並肩奮鬥。雖然一九六七年時南蘇丹曾經成立過多族群的臨時政府，這是第一次主張南蘇丹應該獨立的運動。不過清楚要求獨立的聲音是出現於一九九二年春天南蘇丹所發動的大規模軍事反抗行動之後，當時南蘇丹的反對派提出聯合國介入監督停火協議的要求，以及讓南蘇丹卸除武裝，然後承認南蘇丹的主權國家地位[26]。此時南蘇丹邁向獨立的意志與圖像開始變得確定與清晰。一九九二年六月一日蘇丹人民解放運動／軍的兩個派系簽署關於自決原則的共同聲明，聲明中主張要捍衛南蘇丹人民的自決權，並且希望阿卜耶依、努巴山、及藍色尼羅河南部的部分也可以舉辦人民自決公民投票。喀土穆的將此主張視為是對北蘇丹的挑釁舉動，聲稱

---

[26] Southern Sudan Vision, 1992.

南方只可能從步槍中得到自決權，亦即就算要兵戎相見也在所不惜。一九九三年十月二十一日John Garang與蘇丹人民解放運動／軍的另一位派系領袖Riak Macher在華盛頓簽署捍衛南蘇丹自決權的聲明[27]，這些演變意味著蘇丹人民解放運動的路線此時已經大致抵定，確定要朝著爭取國家獨立的地位邁進。

　　直到二〇〇五年一月作戰雙方簽訂全面性和平協定，南北武裝部隊停火、數十年的軍事衝突正式宣告結束。雙方協定南蘇丹在此後六年內實行自治，並於二〇一一年舉行實現人民自決權的公民投票。對此種安排John Garang曾表示：「蘇丹人民是自己志願協商出一個獨特的和平協議，這個和平協議實際上可說是一個一國兩制的模型（one-country-two-systems model），據此，南蘇丹的人民將於六年後決定是否要留在蘇丹裡或者是選擇獨立」[28]。他所謂的一國兩制指涉的是六年的自治過渡期間，南蘇丹

[27] Christian Delmet, *op. cit.*

[28] United Nations, "Sudan peace agreement signed 9 January historic opportunity, Security Council told," UN Security Council Press Release SC/8306, Security Council 5120th Meeting, Feb. 8, 2005.

擁有自治的權力；換句話說，對他而言一國兩制是為了舉辦自決公民投票的過渡階段，南蘇丹的未來前途決定最後還是要交給人民自決公民投票來裁定。

（三）公民投票進行與結果

南蘇丹公民投票法（Southern Sudan Referendum Act 2009）於二〇〇九年通過，其中第四條規定「南蘇丹人民有權透過公民投票行使自決權決定他們未來的地位」（The people of Southern Sudan shall exercise their right to self-determination through the referendum to determine their future status），該法還包括南蘇丹公民投票委員會（Southern Sudan Referendum Commission，簡稱SSRC）成立與運作之相關規定、以及選民資格的認定、任命獨立的媒體委員會就公民投票推廣進行教育宣導、公民投票題目設計、公民投票有效之最低選舉人數門檻[29]。公民投票

---

[29] 公民投票門檻的最低票數為登記選舉人數的六成，假使投票人數未達登記選舉人數的六成，則於投票結果宣佈後六十天內重新舉辦公民投票。經過半數的投票選民支持獨立或統一，則為公民投票最終結果。

委員會位址設於喀土穆，共有九名成員，由蘇丹總統巴席爾（Omar Al-Bashir）提名，經第一副總統馬雅地（Salva Kiir Mayardit）及國會通過後任命；此外還於南蘇丹首都朱巴（Juba）設立公民投票局（referendum bureau），由公民投票委員會副主席擔任局長，並由公民投票委員會提名公民投票局的四名成員，負責處理公民投票之實際選務運作。

在南蘇丹公民投票法授權底下，該公民投票委員會制定公民投票舉辦相關的法規及負責解釋涉及公民投票舉辦的相關疑慮。其中比較特殊的是關於選舉人資格的部分，除了年滿十八歲具有選舉權之外，居住於海外八個國家的南蘇丹人也可以登記投票[30]，海外部份的公民投票選務則由國際移民組織（International Organization for Migration）協助公民投票委員會辦理。

南蘇丹公民投票法規定在公民投票開始前三個月完成選民登記工作，南蘇丹有二千六百三十八個投票所，北蘇

---

[30] 這八個國家分別為澳洲、英國、美國、加拿大、埃及、衣索比亞、烏干達、肯亞。參見 The Christian Science Monitor, "Sudan referendum 101," Jan. 6, 2011.

丹與其他地區有二百五十五個投票所，共計有二千八百九十三個投票所[31]。從二〇〇九年十一月十五日到十二月八日為止，南蘇丹公民投票登記的合格選民約有三百九十萬，公民投票日期從二〇一一年一月九日到一月十五日為止，在國際觀選團的現場監督下[32]，加上聯合國與數個非政府組織（NGO）與Google合作採用衛星監督投票[33]，共計有3,851,994位選民投票（投票率為97.58%），有效票數之中贊成獨立票數為3,792,518（98.83%），贊成統一票數為44,888（1.17%），以壓倒性結果贊成南蘇丹脫離蘇丹獨立。蘇丹總統巴席爾對南蘇丹公民投票的結果選擇獨立表示尊重，根據先前雙方的協議也允許居住在北蘇丹的南方人在獨立公民投票成功後自由選擇國籍[34]，北蘇丹與南蘇丹正式分家，各自獨立，但是否能夠彼此和平相

---

[31] Southern Sudan Referendum Commission, "Southern Sudan referendum final results report," Feb. 07, 2011.

[32] 聯合國前秘書長安南、美國前總統卡特、南非前總統姆貝基、好萊塢影星喬治克隆尼，聯同約一千五百名國際觀察員，齊聚蘇丹見證獨立公民投票的進行。喬治克隆尼參與蘇丹和平事務多年，更與其他紅星建立人道團體「Not On Our Watch」，協助解決蘇丹等地暴力衝突。

[33] CBC News, "Voting begins in Sudan referendum," Jan. 9, 2011.

[34] BBC, "Q&A: Southern Sudan referendum," Jan. 4, 2011.

處，則還需要長時間地持續觀察。

三、南蘇丹獨立公民投票的分析

（一）獨立公民投票的國際法法源

　　人民自決權是現代國際法當中明文揭示國家應予以積極保障的一項基本人權，所以南蘇丹的獨立法源即是來自於國際法中的人民自決權（people's right to self-determination），而這項自決權的行使方式為公民投票。更詳細地說，南蘇丹所舉辦的是一項實現人民自決權決定國家未來前途的公民投票，而南蘇丹人民最終選擇了獨立，因此一個屬於南蘇丹自己的新國家即將誕生。

　　《聯合國憲章》第一條第二項即闡明「發展國際間以尊重人民平等權利及自決原則為根據之友好關係，並採取其他適當辦法，以增強普遍和平。」、憲章第五十五條「為促成國際間以尊重人民平等權利及自決原則為根據之和平友好關係所必要之安定及福利條件起見」、《公

民與政治權利國際公約》第一條第一項「所有民族均享有
自決權，並根據此種權利自由決定其政治地位並自由從事
其經濟、社會與文化之發展。」另外，在多次聯合國大會
決議文中皆再三強調人民自決權的重要，如聯合國大會
六三七（VII）號決議（The right of Peoples and Nations to
self-determination）、聯合國大會一五一四（XV）號決議
（Declaration on the granting on the independence to colonial
countries and peoples）、聯合國大會一五四一（XV）號
決議（Principles which should guide members in determining
whether or nor an obligation exists to transmit the information
called for under article 73e of the Charter）、聯合國大
會二六二五（XXV）號決議（Declaration on principles
of international law concerning friendly relations and
cooperation among states in accordance with the charter of the
United Nations）中都認為人民的自決權應受到保障[35]。尤
其值得注意的是從二六二五（XXV）號決議開始，人民
自決權開始被賦予普世價值（la valeur universelle），而

---

[35] 跟人民自決權有關的聯合國決議並不限於本文所提及的聯合國大會決議
文，在此僅試著列舉出幾個比較廣為人知的重要決議。

不再只是被殖民者爭取脫離殖民統治的專屬權力[36]。易言之，「所有的人民」（all peoples）都有權依照自決權的原則行使選擇自己未來發展方向的權力；至於這個未來發展的範圍可以是國家的前途決定（獨立與否）、經濟的發展模式（自由經濟或計畫經濟）、政治體制的安排（政體的類型）、社會的型態（資本主義或社會主義）等，這些集體發展的內容都涵蓋在國際法人民自決權的射程範圍裡。

　　除了聯合國體系的國際法規範外，其他區域型的國際組織文件如「歐洲安全暨合作會議最終決議」（l'Acte finale de la conference sur la securite et la cooperation en Europe）[37]、「非洲人權暨人民權憲章」（Charte africaine des droits de l'homme et des peuples）「拉丁美洲工人暨人民自由與權利憲章」（Charte latino-américaine des droits et

---

[36] 參見 Thomas D. Musgrave, *Self-determination and national minorities*, Oxford, Oxford university press, 1997. 及 Dietriche Raushning, Katja Wiesbrock and Martin Lailach (eds.) *Key resolutions of the United Nations General Assembly, 1946-1996*, Cambridge, Cambridge university press, 1997.

[37] 參見歐洲安全與合作會議（OSCE）資料。

liberté des travailleurs et des peuples）中，也都一再地宣示
人民自決權的重要性[38]。

綜合以上所述，吾人因此可以大膽地主張就國際法的
精神而言，在普世價值下的人民自決權所被授權的範圍是
屬於全面性的，舉凡從政治、經濟乃至於到社會、文化
等各個面向都應該屬於人民有權作主、理當由人民共同
決定的範疇，亦即當涉及人民集體未來的重大議題時，
都要由人民說了才算、人民才是最終的裁決者。雖有為數
不少的批評聲浪認為這種授權人民決定所有重大事務的觀
點不免過於理想主義導向而流於不切實際，甚至是不負責
任、貿然激進的極端看法，因為這類批評者認為此舉無異
於開啟了國際政治當中潘朵拉的盒子，此後世界各地人民
提出自決主張的要求將不絕於耳，終會導致國際社會的劇
烈動盪與持續不安，現存的國際體系可能受到人民自決權
的逐步侵蝕而終將分崩離析，屆時我們需要付出的代價將
不知凡幾；然而這項重大事務由人民作主、人民自決原則
超越國家利益的見解其實只不過是回應了聯合國憲章的看
法，也即是國際間的和平、友好、安定與福利的前提係基

---

[38] Edmond Jouve, *Le droit des peoples*, Paris, Puf, 2e éd., 1992.

於人民的自由意志在不受任何形式的壓迫與宰制之下，所做出的自由選擇，因此我們應該體認到人民至上、人民利益超越國家利益的基本原則本不應屈就於國際現實政治（*realpolitik*）運作上的技術性障礙，而該是要讓那些企圖壓迫人民自主意願表達、剝奪人民自決權的國家統治集團了解到阻撓人民總意志（la volontée générale）的自由展現才真正是與國際法精神背道而馳的不法作為，因此人民的自決權力絕不應該、也不能被現實政治在所謂國家主權至上的大纛下一味地犧牲，淪為獨裁者鞏固權力的祭品。

（二）人民自決的再檢視

雖然在國際法中明定人民擁有自決的權利，亦即有權發動人民自決行為的主體是人民（people），但人民的清楚定義究竟是什麼？誰夠資格成為一群可以行使此國際法權力的人民？在國際法中迄今並沒有明確且被廣泛接受的法律定義[39]，這往往也造成了在界定人民自決權力主體身

---

[39] 學者 Cristescu 提出聯合國認定誰能享有自決權時的一些必要條件，像是必須具備有明確的身分與與專屬特徵、與特定土地有連結（即使這些人可

份上的困擾[40]。相較於被殖民者身分的容易辨別（被殖民
者＝被壓迫者，殖民者＝壓迫者），其餘未曾經歷過殖民
統治人民的身分又該如何認定？而且，被殖民者就是屬於
一個整體、具有一致性的人民嗎？被殖民者一旦脫離殖民
統治之後就不會有被壓迫者的問題了嗎？以往被殖民者的
自決型態在偶而被稱為民族自決，這又如何與其他的人民
自決區分？

　　首先必須先針對人民（people）與民族（nation）作
出區分：「民族與人民同樣都是人類社群，擁有著相同的
過去、並有意願共同建構未來；民族所著重的是彼此共同
的起源，人民所注重的則是對建構未來的意願。民族的正
當性是回溯過去的，人民的正當性則是展望未來的。」
「民族嘗試著要於眼前重現並且重複著過去，人民則嘗
試著要改變，要自由選擇自己的命運，並接受自己的決
定。因此不是民族、而是人民被賦予自決權，因為吾人假

能早已經被迫離開那片土地）這兩項，見 Edmond Jouve, *op. cit.*

[40] 一個國家裡的人民可不可以分割、被視為是許多不同人民所組合而成的？
例如法國的科西嘉人可不可以被認定是有別於法蘭西高盧人的人民？關於
這點法國憲法委員會曾對此認定係屬於違憲，見 décision no. 91290 D.C.
du 9 mai 1991。

定民族本來就已經被決定了。」[41]簡單地說，這個分析將
人民視為對未來共同體建構具有主觀想像與渴望的一個
群體，因此人民是自由的，而民族則是被過去所禁錮綑
綁的；人民是開放的，而民族是封閉的；人民脫胎自民
族，而民族不應該限制人民的未來選擇[42]。換句話說，當
了解到人民是自由且開放的一個群體時，當知道人民可以
表達對於出未來前途清楚的主觀意願時，這個人民在理論
上就應該是一個自決權行使的適格者。南蘇丹人民的情
況是先擺脫英國殖民統治，然後再尋求脫離北蘇丹政權
壓迫，這兩個看似在歷史上截然不同的階段，事實上卻
是同一個將南蘇丹人民從壓迫之中解放出來的人民自決
歷程。

　　至於要透過何種方式行使人民自決權則是另一個問
題。南蘇丹是透過公民投票的方式實現人民自決權，不過
自決權的行使並一定非得限定於公民投票不可，基本上只
要能夠清楚地表達多數人民支持自決意願的方式都具有能

---

[41]　José Echeverria, cite in Edmond Jouve, *op. cit.*
[42]　例如類似民族不可分割的說法，僅能適用於緬懷過去的情感，但要將過去
　　搬移到現在與未來重新上演，則顯得虛偽與脫離現實。

夠被認可的正當性，例如透過國會途徑也是一種合法、
具有高度正當性的管道[43]；只不過並不見得所有的人民並
有機會擁有一個能夠充分且完整代表自己的適當民意機
構，因此公民投票便不失為一種民主公平、成本低廉、透
明度高、可受監督、展現人民總意志（la volonté générale
du peuple）的最佳管道。

（三）聯合國介入

　　聯合國作為國際政治的重心，它也曾多次嘗試著處理
人民自決的問題，而在非洲與亞洲結束外國勢力託管後
而公民投票獨立的部分是屬於比較成功的經驗，像是多
哥於一九五六年的公民投票[44]、喀麥隆於一九六一年的公
民投票[45]、薩摩亞於一九六一年公民投票[46]皆是在聯合國

---

[43] 如科索沃於 2008 年 2 月 17 日係由國會通過獨立宣言的投票而正式宣布獨
立，此案在 2010 年 7 月 22 日聯合國國際法院所提供的法律意見認為科索
沃宣布獨立並不違反國際法的規定。

[44] Encyclopedia of the Nations, Togo history.

[45] Encyclopedia of the Nations, Cameroon history.

[46] Encyclopedia of the Nations, Samoa history.

監督底下進行，東帝汶於一九九九年的獨立公民投票則是另一起聯合國介入的個案。不過聯合國也有處理不順利的時候，例如自一九四七年起就引發印度與巴基斯坦之間爭奪角力的喀什米爾地區（一九四八到一九五七年之間多項聯合國決議皆認為喀什米爾的歸屬問題必須先徵求喀什米爾人民在自由意願下經由公民投票同意），但在印度的強烈反對下喀什米爾的地位至今一直遲遲無法獲得解決；西撒哈拉的問題亦是遭遇到類似的狀況，在摩洛哥的反對之下獨立公民投票遲遲無法舉辦。因此從過去經驗中得知，聯合國介入並不保證人民自決權的有效行使，還必須考慮到自決權所要脫離的壓迫勢力是否有能力造成足夠的阻礙箝制聯合國的行動與決心。

　　然而聯合國在南蘇丹獨立公民投票當中所扮演的角色可說是相當關鍵，原因除了蘇丹在先前因為達佛地區的嚴重人道問題讓聯合國非持續介入蘇丹的情勢不可之外，事實上蘇丹南北雙方於二〇〇五年簽署全面性和平協議之後，聯合國就已經開始要為六年過渡期結束之後的獨立公民投票做準備，這也使得南蘇丹的公民投票得以在全世界的注目之下公開地順利進行。

四、小結

　　蘇丹是一個既脆弱但卻出人意外有能力維持相對穩定的國家；其脆弱的原因在於其內部軍事動亂的紛擾局勢自一九五五年起就未曾停歇，二〇〇三年發生的達佛事件更引發國際社會的高度關切與介入；有能力維持穩定的原因在於相較於非洲其他國家而言即便內部歷經這麼多年來的劇烈動盪，但蘇丹卻依然有辦法維持國家完整（至少在表面上）而不致四分五裂[47]，也頗令人意外。但因長期內亂頻仍所造成蘇丹內部人口的大量遷徙也成為另一個政治不穩定的嚴重問題，一九九三年時因為內部衝突與天然災害所造成的國內難民 總數便高達五百萬人，逃難到鄰近國家中的難民也逾五十萬[48]，二〇〇六年時根據聯合國發展計畫的統計顯示內部遷徙的國內難民人口數更達到五百三

---

[47] 如鄰近的伊索比亞在經過二十年的內戰之後終於承認厄利垂亞獨立。

[48] Nations Unies, «Rapport intérimaire sur la Situation des droits de l'homme au Soudan établi par M. Gáspár Bíró,Rapporteur spécial de la Commission des droits de l'homme», Assemblée générale, doc. A/48/601.

十五萬[49]；一九八六年與一九九一年於南蘇丹發生的嚴重
飢荒主要也是由於內部各派系與族群之間的衝突問題而加
劇[50]。這些不利的現實條件都讓若干觀察者認為南蘇丹獨
立之後將會讓長期以來的局勢混亂與不安定更加嚴重與惡
化[51]。

　　南蘇丹人民透過各種手段經過半世紀以上的權益爭
取，最終在國際社會的介入之下透過公民投票的程序實
現人民自決權而選擇獨立[52]。就國家從統一到分裂的發展
歷程來看，南蘇丹的獨立之路走得相當艱辛，其中最重要
的轉折點便是二〇〇二年七月二十日所簽署「馬查科思議
定書」中所設計的南蘇丹人民自決權的保障。亦即所謂南
蘇丹在蘇丹下實行六年自治的試驗階段僅是一個一國兩制
的權宜性安排或者是暫行機制（ *modus vivendi* ），當這項

---

[49] PNUD, «Raport sur le développement humain, 2007-2008».

[50] Christian Delmet, «Les relations nord-sud au Soudan (1983-1993)», op.
cit., and International Crisis Group, «God, Oil and Country, Changing
the Logic of War in Sudan», 2002.

[51] Charles Saint-Prot, «Sud-Soudan: un nouveau facteur de déstabilisation
en Afrique», janvier - février 2011.

[52] 事實上，1967 年南蘇丹即成立一個由各族所組成的臨時政府，就等於已
經間接地宣示南蘇丹要成為一個獨立國家的意願。

暫行機制完成了讓南北雙方冷卻下來、冷靜思考的過渡角
色之後，最終目的還是要透過公民投票的程序實現人民
自決的國際法權利，讓人民選擇自己國家前途的走向。此
外，因為南蘇丹持續地強調國際法中人民自決權的重要性
而達成獨立，這也使得人民自決權又將再度地受到國際社
會重視，因此這是一項基於人民自決原則的新國家獨立公
民投票，更重要的是被分離的母國必須要尊重人民自決權
透過公民投票程序的行使結果。

　　就台灣的立場來看，或許值得思考的一點是目前國際
上所欠缺的並非人民自決權的國際法保障規定，因為人民
自決權是聯合國所清楚界定及承認的基本權利，並透過
諸多法律意見（*opinio juris*）陳述得到一再的肯定，特別
是國際法院於納米比亞（一九七一）及西撒哈拉（一九
七五）的法律意見中皆重申人民自決權的普世價值[53]。台
灣人民主張人民自決權係依法有據，因為台灣人民有權
利、也有能力藉由人民自決權的行使決定這個命運共同體

---

[53] Jean-François Dobelle, «Référendum et droit à l'autodétermination», *Pouvoirs, revue française d'études constitutionnelles et politiques*, n°77, avril 1996.

的未來。即便台灣人民有意宣布獨立也完全合乎國際法原則，二〇一〇年聯合國國際法院於科索沃案例中的法律意見即明白地表示科索沃所舉辦的獨立公民投票是符合國際法的[54]。

　　所以，當我們主張台灣前途由兩千三百萬人共同決定時，基本上便是對台灣人民自決權的贊同與附和；台灣人民的自決不必受限於狹隘的、既定的各種民族論所誤導或蒙蔽，人民本身就是適格的當事人，有絕對的權利擺脫任何形式的宰制與壓迫，自由地選擇未來的道路；只不過這個主張台灣人民自決的看法可以真正地被落實到國家未來前途的決定的方式時，便需要一套完善的公民投票機制，讓人民總意志可以明白清楚地展現[55]。然而這也正是台灣今天所遭遇到的主要問題，也就是會對人民自決權實踐產生實質阻礙的是公民投票程序的闕如、或公民投票制

---

[54] 見 International Court of Justice, 22 July 2010, Accordance with international law of the unilateral declaration of independence in respect of Kosovo.

[55] 雖然尋求獨立亦可以參考科索沃的經驗透過國會宣布獨立，但台灣並非英國式的亦會內閣制國家，國會主權並非至上，即便國會通過獨立亦難以表示人民全體的意志，所以最好的方式還是要透過公民投票。

度設計瑕疵所造成的「自決權凍結」現象；因為公民投票並不是一項聯合國體系（以及國際法中）的必要程序，國際法對於公民投票相關的法律意見亦還不夠充份，所以該如何連結人民自決權與公民投票之間的關係[56]，讓公民投票成為人民自決權必要的實踐管道，或許是今後吾人需要更進一步深思的重要課題。

---

[56] 雖然台灣曾經於 2007 年有過以台灣名義加入聯合國的公民投票議題，間接地表示台灣是主權獨立國家的意願，或也可將之認為是廣義地行使人民自決權要達成創設新國家之目的，但終究因為鳥籠公民投票的制度設計而未能過關。

第六章　南蘇丹獨立公投

結論

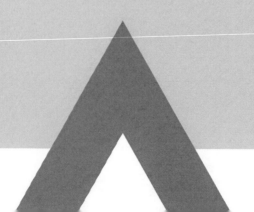

公共治理與直接民主

一、民主社會的質變

「參與式民主」（La démocratie participative）的概念最早出現於一九六〇年代後期，因為當時有愈來愈多的人開始質疑代議民主的有效性，以及代議民主對民主發展所造成的限制；尤其是在愈來愈多的公共議題被所謂的專業化知識力量把持、形成了菁英政治壟斷的情況下，而這些專業力量與政治菁英階層又挾著制度優勢不斷地將一般人民摒除於決策程序之外，讓人民僅能擁有民主制度中形式上的權利，造成了民主愈演進、內容卻反而愈空洞的民主倒退現象；甚至可以說人民好不容易在擺脫了獨裁專政的暴政傾軋之後，卻另外在民主制度中自掘了一個專業暴政的陷阱，並落入其中成為民主的禁臠。

為了導正這種怪異的反演化（anti-evolution）現象，社會上開始出現要求人民有權參與公共決策過程的聲浪，這個概念在歐洲特別是自一九八〇年代以降，逐漸地透過立法與實踐成功地轉換成為具體的人民參與過程。這個將「民主民主化」（democratize the democracy）的重要改變，可以稱得上是二十世紀中民主社會在本質上的一項寧靜革命。

時至今日，我們已經進入了「公眾民主」（La démocratie du public）的時代，輿論及人民的個人意見對於政治決策的影響儼然成為主要的關鍵因素，因為人人都想要參與決策的一部或全部、並在其中扮演一定積極主動的角色；換言之，當前的民主政府整天都必須面對著眾多意見的出現、匯集、衝突與來自於選民及社會的輿論壓力，而它又該如何調和各方歧異、取得適當的平衡、做出讓最多人感到滿意的最佳決策，可以說是執政者時時刻刻都在面對的頭號難題。

正如同Simon Chambers主張過去以「投票中心」的民主理論已經逐漸被「討論中心」的民主理論所取代一樣，過去民主深化所關心的面向是如何擴大選舉範圍的提

高投票參與，然而今日民主深化所應該關心的面向則應該是如何擴大公共領域的接觸管道、讓更多人有機會確實地表達意見，並且讓彼此不同的意見在溝通過程中能夠產生相互作用的審議功能。在這項「民主的民主化」過程當中，關鍵因素在於對「資訊」的處理與對待方式兩者有所不同：以往老式的民主運作模型裡，強調的僅僅是資訊由上而下的單向告知（information），但是資訊發布之後往往就以為告知的任務已經結束，而忽略了人民對於該資訊的接收程度與反應到底如何，所以無法了解人民的真實想法，造成決策者與基層人民之間的距離愈來愈遠、隔閡愈來愈大；但是在新式的民主運作模型當中，人民對於資訊的要求已經超越了被單向告知的範圍，人民希望的是雙向溝通（communication）、甚至是直接有多方參與的審議過程（deliberation）[1]；唯有透過如此的方式，決策者才有可能比較貼近人民的真實想法，並且做出較好的決

---

[1] 民眾在過去是屬於沉默大多數的被動接收者，然而現在大眾媒體節目的設計趨勢則是刻意強調表演者、主持人與觀眾產生緊密互動的連結（網路時代也早已經進入 WEB 2.0 的互動模式），所以吾人會看到 call-in 或是與現場來賓對話的安排，在在都強調觀眾參與的重要性與必要性。

策,贏得較高的支持。審議式民主的運作模式在這個趨勢底下儼然誕生,而地方層級的公共議題相對單純,自然也就成為了實踐此模式的最佳場域。

二、NIMBY議題與都市公共治理

全世界的人口集中往城市發展是潮流所趨,尤其在後工業時代及全球化現象的影響之下,有愈來愈多的人口比例正快速地朝向城市移動[2];不過當城市所容納的人口數目愈來愈多時,城市所承載的壓力及負擔的責任也愈來愈大,換句話說也就是說有愈來愈多的問題等待解決。而現今城市地區經常遭遇到的治理問題主要是涉及土地開發、土地使用與經濟活動或民生活動發展之間的衝突,亦即土地使用與發展規劃是否會對特定區域的居民產生不良的後果,例如垃圾場或焚化爐諸如此類「不要在我後院」(Not in my backyard, NIMBY)的設置爭議。雖說這

---

[2]　在 1950 年時全球僅有 1 個城市超過一千萬人,2000 年時則已有 16 個城市超過一千萬人。見 United cities and local governments, *First Global Report on Decentralization and Local Democracy*, 2008.

涉及到所謂的「區域自私」心態與多數利益之間的對立衝突，但在民主已經進展到當前地步之際，怎樣能夠在不使用各種形式的暴力[3]讓少數人屈服的非民主操作，從而協調出能夠兼顧各方要求的最適解答，才應該是二十一世紀民主國家與社會中決策者所要努力的目標。

以往在這些類似的狀況下，決策者多半採取以技術觀點為出發的問題解決導向，亦即專業意見至上、科學凌駕一切，人民只能默默地接受特定專業考量的最終裁決。然而在今日的大環境裡，單純的技術觀點已經無法有效地因應快速的社會變遷，尤其是後工業時代各種新而複雜的社會、文化、道德與環境問題一一浮現之後（這些問題構成了當代參與式民主不可或缺的一環），該如何將這些問題一併納入決策形成的考量過程之中、儘量避免或至少降低決策所引發的後遺症為首要之務；然而上述這些相關問題的嚴肅性往往都遠在特定專業意見的射程之外，執著於技術觀點的處理方式有時只是讓專家更顯現出他們不過是訓練有素的狗那一面；尤其科學評估與技術性知識當中最欠

---

[3] 無論是多數暴力、專業暴力、官僚暴力、國家暴力、媒體暴力等形形色色讓人感受到強制性壓力的暴力。

缺的就是民主精神,因為科學的答案只有一個,真理不可能妥協或打折;但專業知識在技術面上或許是正確的唯一答案,然而技術面的正確並不一定代表著人性面或社會面的正確。簡單地說,人民感受與社會情感必須兼顧,專業不應該變成知識暴力對人民的傾軋,專家不應該是隔離人民與事實之間的障礙,專家更不應該是在某些極端的情況之下成為決策者所御用來「專門騙人家」的民主敵人。

以環境問題為例,持環境正義觀點的人主張環境政策並非專家或技術官僚所能獨佔的公共領域,必須要同時顧及議題裡面的分配正義與參與正義,甚至還包括歷史正義[4];因此過去由上而下的政策貫徹模式已經完全行不通,此時,如何在公共領域下進行多元文化的管理,又如何在多元分歧之中求得一致的結果(l'unité dans la diversité)便成為公共治理的核心議題。但一致的結果又該從何而來?

目前在民主制度下有三種權力的行使方式允許人民

---

[4] 不僅是對未來發展需求的考量,還要面對民眾的個體記憶或社會集體記憶的課題。亦即在開發的前提之下,將過去的世代經驗從人類記憶中剷除是否符合正當性與必要性?

對於公共決策產生影響：選舉民主、參與式民主及直接民主。直接民主則是能夠讓所有人都參與決策的終極手段[5]。在直接民主當中，公民跟政治人物一樣都有最終的決定權[6]，換句話說，被選舉出的代議士無法獨佔權力，必須與公民共同分享決策定奪的權力。而地方公民投票不啻為解決地方民主赤字的最佳方法之一，甚至在某些民主國家中（例如芬蘭）連非本國公民也可以參與地方性選舉及地方性公民投票，共同決定地方性的公共事務。這種將開放公共參與的機會與管道的權力下放、去中心化的做法，短期上看起來似乎是將權力從決策者手中釋放出來的一種決策權弱化，然而就長期而言卻是實際上更能凝聚一致意見、強化決策核心能量的做法。從台灣過去的經驗來看，雖然所舉辦過的地方性公民投票雖然絕大多數皆不具效力[7]，但我們可以觀察凡走過必留下痕跡，當民主愈發

---

[5] Dominique Bourg et Daniel Boy, *Conférences de citoyens, mode d'emploi*, Paris, Charles Léopold Mayer, 2005.

[6] 如同韋伯所稱的「業餘政治人物」（occasional politicians）也能掌握決策權。

[7] 高雄後勁五輕公民投票、北縣貢寮核四公民投票、北縣核四公民投票、北縣汐止道路公民投票、高雄大寮開發公民投票、北市永康公園公民投票、

展、民主參與的比率愈高，決策者所擁有的正當性也就愈強，人民對制度的支持相對地也就愈高。由此所達成的制度穩定效果便是一致結果的正面回應。

　　作為實踐直接民主的公民投票手段，應該是執政者可以調和各方意見時所不可或缺的法寶之一，以公民投票手段作為決定政治走向的方式不但合乎當前潮流，而且也將是未來大勢之所趨。而且筆者堅信：當人民擁有愈多機會發聲時，執政者也才會得到愈多選票的支持（Plus de voix, plus de voix!）[8]！

北市核四公民投票、嘉義寮頂社區公民投票、北縣三峽老街公民投票、台中拜耳公民投票、北市萬華興建療養院公民投票、花蓮慈濟興建療養院公民投票、花蓮大湖公園開發公民投票、台南市國家主權公民投票、台南市機場興建公民投票、宜蘭核四公民投票、澎湖博弈公民投票、澎湖望安鄉東吉村託管公民投票、宜蘭五結社區活動中心公民投票、宜蘭省道命名公民投票、北縣坪林交流道公民投票、南投集集垃圾場公民投票、苗栗西湖交流道公民投票、高雄小班制公民投票、澎湖博弈公民投票（第二次）等公民投票。

[8] 法文中的「人聲」跟「選票」是同一個字（voix），由此可知人民的意見表達與選票之間的關連是多麼密不可分。

民主發展的最後一哩

一、公投民主乃世界大勢之所趨

　　國家的治理須以民意為依歸，也就是說，政府的決策不能脫離民意擅自妄為，因此國家經常針對重要決策交付人民投票表決，而公民投票即成為國家治理的指標。而公民投票所展現的價值正是所謂的直接民主，公民投票是人民參與、決策公共事務的機會，更是人民與生俱有的基本權利，而此種人民的參政權，非因為憲法或法律的賦與而擁有。以人民參政權言之，公民投票即為創制、複決權之行使，與選舉權並行於不悖。

　　在理論上來說，雖然因為間接與直接兩種民主制度有所不同，而使得在政策決定流程中造成一定程度的差異；但此兩種制度並不互相排斥，也不完全對立，在政治

系統範圍之內可以互相配套行使，進而產生互補關係。正因為如此，多數的歐美國家皆實施間接民主與直接民主相混合的制度，強調公民投票與選舉不僅可相互為用，且就國家制度而言，亦具備了「可相容性」的民主機制與交換功能。歐美國家為彌補代議政治之不足，增強民主正當性及公民參政之機會，皆公認以公民創制、複決作為實踐直接民主之必要方法。

　　從另一個角度來說，在憲政運作的架構之中，唯一具有正當性、能夠決定「例外」（exception）[1]情況的力量，就是人民總意志（La volonté géneale）；而能夠讓決定例外的正當力量實現的法定程序，最佳的方式當然就是公民投票。

　　時至今日，政治決策已不是少數政治菁英的專利，所謂的國家最高利益或存在理由（raison d'état）也不再是執政者專屬的權力黑箱，每一位屬於公眾組成的一員都應該有權決定是否參與政治決策的討論與審議過程，因此以公

---

[1]　這個例外所指涉的是舉凡憲法或現行法律中所沒有規範到、但屬於國家重大事項的狀況。像是政府對外簽署涉及國家主權行使的國際條約即屬之，或是涉及重大憲政權力之安排或重組。

民投票手段作為決定重大政治走向的方式不但合乎民主潮流，而且也是未來大勢所趨，所以有愈來愈多的國際組織強調公民投票民主的重要性[2]。

　　或有論者表示代議政治的存在便是要有效率地彌補直接民主的缺憾，因為不可能凡事都以公民投票決定，所以要先尊重代議政治的運作。然而這種說法其實頗有值得商榷之處，因為前提是一個運作良好、能夠完整代表最新民意的代議體制底下，才有可能彌補直接民主的不足，否則也有可能不幸淪為假代議之名、行獨裁之實；但即便是代議體制仍具有其侷限，而這個侷限性是制度性[3]的、同時也是本質性的[4]，因此代議體制只能當作選項之一而非絕對且排他的選項[5]。當然，也絕對要避免公民投票的使

---

[2] 例如歐洲理事會（Conseil de l'Europe）於 1990 即成立了 The European Commission for Democracy through Law (Venice Commission)，目的即在國際上宣導與強化憲政、公民投票等民主深化的價值與工具應用。

[3] 制度性的侷限意謂著代議體制中的民意代表在他當選那一刻所代表的民意是最新的，不過在這一刻之後呢？

[4] 如前述，代議政治的設計並不一定都有能力擅自決定國家的例外狀況，而這些例外終究還是要透過公民投票決定。

[5] 參酌法國現行憲法第三條規定：「國家主權屬於人民，經由代議士以及經由公民投票方式行使。」亦即法國第五共和之中，人民行使國家主權可以透過代議政治制度以及公民投票形式，兩者並行不悖，更無孰高孰低的位

用成為執政者擴權的幌子，讓公民投票回歸到本質上的
實踐。

二、公投民主補齊台灣民主履歷

公民投票既然是人民總意志的表現，也就是選民透過
他們手中的選票將每位公民的意志一個個累積起來的抽象
過程，進而凝聚、昇華而成的國家整體意志，展現出國家
一致的行動力量，這是一種「由下而上」、屬於人民作主
的「民主加法」來推動台灣民主進步的力量。

若吾人以台灣選舉的演化來檢視台灣的民主進步過
程，更會讓人體認到公民投票的重要性：從一九六九年第
一屆增額中央民意代表選舉的開放，人民首次有片面參與
國政的機會；到一九九二年國會首度全面改選、一九九六
年總統直選的突破，允許人民自己選擇國家元首；再來是
二〇〇四年由陳水扁總統提出的防禦性公民投票，讓人民
首度可以直接對國家的公共議題表達自己的選擇，不用

階差別。

再受限於代議政治的怠惰與宰制[6]。這些一步一腳印的民主前進，持續映照著台灣的民主深化歷程，終於也讓我們踏到了今日希望促成公民投票民主的這一步，吾人可將之視為台灣民主化的最後一哩：在這之前台灣的民主成就都是由政府應允人民可以做什麼、有權利作什麼的「解禁式民主」；倘若公民投票民主得以實現，即開啟了由人民告訴政府應該做什麼、不應該作什麼的新時代，亦即真正的「人民做主」；能夠踏進這個階段，台灣才算擁有完整的民主實踐履歷，主權在民的理念也才算是完整的實現。

台灣的民主起步雖然較先進民主國家晚了許多，但我們現在也已經走到了要以公民投票價值彰顯民主的最後一哩路。擁有一套真正符合民主精神與內涵的公民投票制度，不僅是替台灣的民主履歷加分，對於促進台灣人民利益與達成國家永續民主發展，也會有正面的幫助。

---

[6] 雖然該次公民投票並不是由人民主動提出，而是由總統所發動的。但以歷史的發展脈絡來檢視，這項全國性公民投票仍有其象徵意義。

附錄

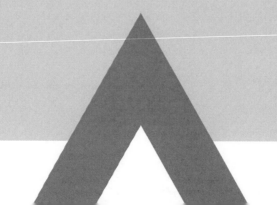

附錄一
法國第五共和全國性公民投票實例

自一九五八年憲法通過施行迄今共舉辦過九次的全國性公民投票。其中共有三次是由總統所提出之公民投票，前兩次係戴高樂依據憲法第十一條規定所提出，第三次則是於二〇〇〇年九月二十四日依照憲法第八十九條所提出舉辦將總統任期從七年縮短為五年的公民投票。

一、一九六一年一月八日（星期日）：是否同意讓阿爾及利亞進行自決的公民投票。投票率高達七成三，並以近七成半的同意票通過。

公民投票題目為：「您是否贊成總統向法國人民提出在阿爾及利亞進行自決以前關於阿爾及利亞人民自決與阿爾及利亞公權力架構的政府法

律草案？」（Approuvez-vous le projet de loi soumis au peuple français par le président de la République en concernant l'autodétermination de la population algérienne et l'organisation des pouvoirs publics en Algérie en attendant l'autodétermination？）

二、一九六二年四月八日（星期日）：授予總統與阿爾及利亞未來政府協商權力之公民投票，又稱為艾維雅協議（Les accords d'Evian）公民投票。投票率超過七成五，並以九成的同意票通過該公民投票。

　　公民投票題目為：「您是否贊成總統向法國人民提出依據一九六二年三月十九日宣言基礎上關於與阿爾及利亞簽署協議及採行必要措施的政府法律草案？」（Approuvez-vous le projet de loi soumis au peuple français par le président de la République en concernant les accords à établir et les mésures à prendre au sujet de l'Algérie sur la base des déclarations gouvermentales du 19 mars 1962？）

三、一九六二年十月二十八日（星期日）：總統直選

公民投票。此係戴高樂依據憲法第十一條之規定
而舉辦之公民投票，但因涉及修憲程序的爭議而
在當時被許多人認為是違憲的做法，因為按照憲
法文本的邏輯，一般的修憲程序應須遵照憲法第
八十九條所規定之國會兩院程序進行，然而在第
十一條的情況之下進行公民投票修憲則將國會排
除在修憲程序之外，因此引發了憲法適用上的重
大爭議。在投票率近七成七的情況下以62,25 %
贊成通過總統直選。

　　公民投票題目為：「您是否贊成總統向法
國人民提出關於總統直選的政府法律草案？」
（Approuvez-vous le projet de loi soumis au Peuple
français par le Président de la République et relatif à
l'élection du Président de la République au suffrage
universel？）

四、一九六九年四月二十七日（星期日）：參議院改
　　革及省級行政區（région）創設之公民投票。投
　　票率高達八成，以52,41 %反對比率遭到否決，
　　戴高樂因此辭職下台。

公民投票題目為：「您是否贊成總統向法國人民提出關於省級行政區創設及參議院改革的政府法律草案？」（Approuvez-vous le projet de loi soumis au peuple français par le Président de la République et relatif à la création de régions et à la rénovation du Sénat？）

五、一九七二年四月二十三日（星期日）：批准擴大歐洲經濟共同體條約（traité d'élargissement de la Communauté économique européenne）的公民投票。開放新加入的成員有丹麥、挪威（最後並未加入共同體）、愛爾蘭及英國（戴高樂反對後者加入）。投票率六成，以68,31％贊成通過該公民投票案，批准歐洲經濟共同體條約。

公民投票題目為：「您是否贊成，在歐洲面對新的未來展望底下，總統向法國人民提出關於授權批准英國、丹麥、愛爾蘭及挪威加入歐洲共同體的政府法律草案？」（Approuvez-vous, dans les perspectives nouvelles qui d'ouvrent à l'Europe, le projet de loi soumis au peuple français

par le Président de la République, et autorisant la
ratification du traité relatif à l'ahésion de la Grande-
Bretagne, du Danemark, de l'Irlande et de la
Norvège aux Communautés européennes?）

六、一九八八年十一月六日（星期日）：對於新
喀里多尼亞（la Nouvelle-Calédonie）地位之
公民投票，這是由政府與「喀里多尼亞共和
聯盟」（Rassemblement pour la Calédonie dans
la République）、「社會主義及卡納克民族解
放陣線」（Front de libération nationale kanak et
socialiste）所簽訂之「馬廷雍協議」（accords de
Matignon）。投票率僅有三成六九，以79,99 %
贊成通過公民投票案。

公民投票題目為：「您是否贊成總統向法國
人民提出關於新喀里多尼亞邁向自決地位規定
的政府法律草案？」（Approuvez-vous le projet
de loi soumis au peuple français par le Président de
la République et portant dispositions statutaires et
préparatoires à l' autodétermination de la Nouvelle-

Calédonie？）

七、一九九二年九月二十日（星期日）：批准歐盟條
　　約、亦稱為馬垂克條約公民投票。以51,04%的
　　贊成比率通過該公民投票，投票率近七成。

　　　　公民投票題目為：「您是否贊成總統向法國
　　人民提出授權批准歐盟條約的政府法律草案？」
　　（A pprouvez-vous le projet de loi soumis au peuple
　　français par le Président de la République autorisant
　　la ratification du traité sur l'Union Européenne？）

八、二〇〇〇年九月二十四日（星期日）：將總統任
　　期由原本的七年縮短為五年（quinquennat）之公
　　民投票。投票率僅有三成，並以73,21%贊成通
　　過此公民投票案。

　　　　公民投票題目為：「您是否贊成修憲草案
　　將憲法第六條第一項修改如下：總統由普選產
　　生任期為五年？」（Approuvez-vous le projet
　　de loi constitutionnelle modifiant le premier alinéa
　　de l article 6 de la Constitution comme suit : Le
　　Président de la République est élu pour cinq ans au

suffrage universel direct?）

九、二〇〇五年五月二十九日（星期日）：批准歐
　洲憲法條約的公民投票。投票率近七成，但在
　54,67%的反對比率之下成為第五共和有史以來
　第二次被否決的公民投票，也使得法國成為第一
　個否決歐洲憲法條約的歐盟國家。

　　公民投票題目為：「您是否贊成授權批准
　歐洲憲法條約的政府法律草案？」（Approuvez-
　vous le projet de loi qui autorise la ratification du
　Traité établissant une Constitution pour l'Europe?）

附錄二
義大利歷年公民投票

年	月日	議題	結果	投票率 (%)	同意 (%)	反對 (%)
1946	06.02	國體	共和制	89.0	君主制 (45.7)	共和制 (54.3)
1974	05.13	撤銷離婚法案規定	N	88.2	41.0	59.0
1978	06.12	廢除反恐怖行動法	N	81.1	24.0	76.0
1978	06.12	廢除國家補助政黨財源	N	81.3	43.7	56.3
1981	05.18	限制墮胎法	N	79.3	12.0	88.0
1981	05.18	修正墮胎法	N	79.3	32.0	68.0
1981	05.18	廢除警察反恐怖主義權力	N	80.2	15.0	85.0
1981	05.18	廢除終身監禁規定	N	79.3	23.0	77.0
1981	05.18	限制武器執照	N	79.3	14.0	86.0
1985	06.10	撤銷政府工資指數命令	N	78.2	46.0	54.0

1987	11.09	反核能（禁止義大利參與海外核電廠）	Y	65.1	72.0	28.0
1987	11.09	支持總理接受審判	Y	65.1	85.0	15.0
1987	11.09	反核能（停止國家對核能發電廠的特別補助）	Y	65.1	80.0	20.0
1987	11.09	反核能（停止CIPE政府委員會繼續挑選核子反應爐預定地）	Y	65.1	81.0	19.0
1987	11.09	地方官人民義務的效力	Y	65.1	80.0	20.0
1989	06.18	賦予歐洲議會草擬歐洲聯盟協定之相關權限（此為Ad hoc的公民投票）	Y	80.7	88.0	12.0
1990	06.04	限制食品有毒添加物	N	43.2	93.0	7.0
1990	06.04	撤銷狩獵法	N	43.2	92.0	8.0
1990	06.04	禁止進入私有財產地區狩獵	N	43.2	92.0	8.0
1991	06.10	撤銷四個議會選舉當選人資格	Y	62.3	96.0	4.0
1991	06.10	國會選舉制度改革	Y	62.3	96.0	4.0
1993	04.19	購買毒品合法化	Y	76.9	55.0	45.0
1993	04.19	罷免觀光部長	Y	76.9	82.0	18.0

1993	04.19	廢除參議院選舉的比例代表制	Y	76.9	82.0	18.0
1993	04.19	給予地方健康部門環境權力	Y	76.9	82.0	18.0
1993	04.19	廢除國營企業	Y	76.9	90.0	10.0
1993	04.19	停止政府對政黨的財政補助	Y	76.9	90.0	10.0
1993	04.19	廢除政府官派國營銀行職位	Y	76.9	90.0	10.0
1993	04.19	罷免農業部長	Y	76.9	70.0	30.0
1995	06.11	私人公司廣告不得同時於兩個國家電視頻道撥放	N	58.2	44.0	56.0
1995	06.11	電影播放時限制商業廣告	N	58.2	44.0	56.0
1995	06.11	撤銷私人公司擁有電視台數的法律限制	N	58.2	43.0	57.0
1995	06.11	撤銷市政府頒佈的營業時間規定	N	57.1	37.0	63.0
1995	06.11	不可擅自刪減工會勞工的薪資與退休金	Y	57.1	56.0	44.0
1995	06.11	撤銷市政府發放賣酒營業執照的權力	N	57.1	36.0	64.0
1995	06.11	廢除強制拘留黑手黨員嫌疑犯	Y	57.1	64.0	36.0
1995	06.11	降低授與工會協商權的限制	Y	57.1	62.0	38.0

1995	06.11	取消授與工會協商權的限制	N	57.1	49.0	51.0
1995	06.11	廢除國營事業協商權的限制	Y	57.1	65.0	35.0
1995	06.11	國家廣播事業民營化	Y	57.1	55.0	45.0
1995	06.11	省長選舉改為複數選區	N	57.1	49.0	51.0
1997	06.15	禁止公務員從事個人推銷	N	30.4	84.0	16.0
1997	06.15	禁止進入私有財產地區狩獵	N	30.4	81.0	19.0
1997	06.15	禁止公務人員資格限制	N	30.4	72.0	28.0
1997	06.15	禁止法官服第二個公職	N	30.4	86.0	14.0
1997	06.15	禁止政府結合新聞業	N	30.4	66.0	34.0
1997	06.15	廢除農業部	N	30.4	67.0	33.0
1999	04.18	廢除議會中四分之一的比例代表席次	N	49.0	92.0	8.0
2000	05.21	廢除舉辦公民投票及選舉競選的補貼措施	N	32.1	71.0	29.0
2000	05.21	廢除議會中四分之一的比例代表席次	N	32.1	82.0	18.0
2000	05.21	禁止公務人員兼差	N	32.1	75.0	25.0

2000	05.21	撤銷對工會頒佈的減薪規定	N	32.1	62.0	38.0
2000	05.21	撤銷工作場所重整的規範	N	33.4	33.0	67.0
2000	05.21	撤銷檢察官禁止成為法官的規定	N	32.1	69.0	31.0
2000	05.21	撤銷選舉制度中某項規定	N	39.4	71.0	29.0
2001	10.07	表決憲法第五條第二項關於地方權力	N	34.1	64.2	35.8
2003	06.15	表決勞工法第十八條	N	26.3	87.0	13.0
2003	06.15	地主財產問題	N	26.3	84.0	14.0
2005	06.13	是否應該拿掉嬰兒胚胎相關條文	N	26.3	77.0	23.0
2005	06.13	是否應該刪除3個胚胎數在生成後，於無事前檢測可能便隨即植入的數目限制	N	26.3	88.0	12.0
2005	06.13	是否應該恢復禁止接受外來捐贈者	N	26.3	89.0	11.0
2005	06.13	是否應該取消對於胚胎的研究限制	N	26.3	88.0	12.0
2006	06.25	通過廣泛性包裹憲法修正舉行公民投票	N	52.3	38.7	61.3

2009	06.21	由過半數席次取代多數聯盟成為議院多數黨	Y	23.5	78.1	21.9
2009	06.21	由過半數參議員席次取代多數聯盟成為各區多數黨	Y	23.5	78.2	21.8
2009	06.21	取消多重候選人資格	Y	24.0	87.9	12.1
2011	06.12~13	地方政府不能將水供應交由私營	Y	58.4	94.8	5.2
2011	06.12~13	水資源不能當成營利的工具	Y	58.4	94.8	5.2
2011	06.12~13	不恢復核電廠計劃	Y	58.4	94.8	5.2
2011	06.12~13	不給予總統、總理與內閣閣員、國會議長等政府高階公職人員的司法豁免權利	Y	58.4	94.8	5.2

附錄三
愛爾蘭公民投票通過法案

　　在現行憲法之下，愛爾蘭迄今共舉行過三十次的常態性公民投票（1937年的新憲公民投票為制憲公民投票，為特殊情況的非常態性公民投票），其中有八次未獲通過；自1972年起共計有22個憲法修正案經由公民投票批准通過，茲將各項公民投票的日期、時間與議題臚列於下：

　　1972年5月10日星期四（投票時間為09:00到21:00），加入歐洲共同體（Accession to the European Communities）：准許愛爾蘭加入歐洲煤鋼共同體、歐洲經濟共同體與歐洲原子能共同體。

　　1972年12月7日星期四（投票時間為09:00到21:00），投票年齡（Voting Age）：將全國性選舉與公民投票的法定投票年齡從21歲降低為18歲。

　　1972年12月7日星期四（投票時間為09:00到21:00），承認特定宗教地位（Recognition of Specified Religions）：移除羅馬天主教及其他特定宗教的特殊地位（special position），世俗化國家與羅馬教廷的關係。

　　1979年7月5日星期四（投票時間為09:00到21:00），收養（Adoption）：收養局（Adoption Board）所頒佈的收養命令不應被宣佈違憲。

　　1979年7月5日星期四（投票時間為09:00到21:00），大學代表於參議院的席次（University Representation in the Seanad）：政府可以由法律決定哪些高等教育機構可以推選參議員（國立愛爾蘭大學與都柏林大學分別各選出三位參議員）。

　　1983年9月7日星期三（投票時間為09:00到21:00），未出生者的生命權（Right to Life of the Unborn）：愛爾蘭政府承認未出生者具有生命權，須加以保障。

　　1984年6月14日星期四（投票時間為09:00到21:00），眾議院的選舉權（Voting Right at Dail）：將眾議院的選舉投票權開放給若干居住在當地、年滿18歲，但非愛爾蘭之公民。

1987年5月26日星期四（投票時間為09:00到21:00），單一歐洲條約（Single European Act）：批准單一歐洲條約。

1992年6月18日星期四（投票時間為09:00到22:00），歐盟條約（Treaty on European Union）：批准馬斯垂克條約。

1992年11月25日星期三（投票時間為09:00到21:00），旅行權（Right to Travel）：現行禁止墮胎的規定並不能限制相關對象在國內外旅行的自由。

1992年11月25日星期三（投票時間為09:00到21:00），資訊權（Right of Information）：現行禁止墮胎的規定並不能限制愛爾蘭境內有關其他國家墮胎的資訊傳播。

1995年11月24日星期五（投票時間為09:00到22:00），離婚（Divorce）：廢止禁止離婚的規定。

1996年11月28日星期四（投票時間為09:00到21:00），保釋（Bail）：當法院認為嫌疑犯獲得自由之後有可能觸犯重罪時，可以拒絕保釋。

1997年10月30日星期四（投票時間為09:00到21:00），內閣保密（Cabinet Confidentiality）：高等法院有權要求內

閣公佈涉及公共利益的會議紀錄。

　　1998年5月22日星期五（投票時間為08:00到22:00），阿姆斯特丹條約（Treaty of Amsterdam）：批准阿姆斯特丹條約。

　　1998年5月22日星期五（投票時間為08:00到22:00），英國－愛爾蘭協議（British-Irish Agreement）：批准英國－愛爾蘭協議，承認北愛爾蘭的自主地位與當地人民之自決權。

　　1999年6月11日星期五（投票時間為08:00到21:00），地方政府（Local Government）：承認地方政府的地位，並要求地方政府公職的改選期限不得超過五年。

　　2001年6月7日星期四（投票時間為08:00到21:00），禁止死刑（Prohibition on the Death Penalty）：憲法中明文禁止死刑，以及廢除所有死刑的刑罰。

　　2001年6月7日星期四（投票時間為08:00到21:00），國際刑事法庭（International Criminal Court）：批准國際刑事法庭規約（Rome statute）。

　　2002年10月19日星期六（投票時間為08:00到21:00），尼斯條約（Treaty of Nice）：係針對尼斯條約的第二度公

民投票。

2004年6月11日星期五（投票時間為07:00到21:00），公民身份（Citizenship）：修正1956年愛爾蘭國籍與公民身分法（the Irish Nationality and Citizenship Act），在愛爾蘭出生者若其父母雙方皆非愛爾蘭公民，則不能自動享有愛爾蘭公民權身分。當天尚有歐洲議會議員選舉、地方政府選舉一起舉行。

2009年10月2日星期五（投票時間為07:00到22:00），里斯本條約（Lisbon Treaty）：係針對里斯本條約之第二度公民投票。

附錄四
愛爾蘭公民投票未獲通過之法案

愛爾蘭公民投票至今共有八次未獲得通過，其中最引起國際注目的是2001年尼斯條約公民投票及2008年的里斯本條約公民投票。這兩次關於愛爾蘭參與歐盟整合的重要公民投票都在首次公民投票失敗之後捲土重來，於二度公民投票時才獲得過關。

1959年6月17日星期三（投票時間為09:00到21:30），投票制度（Voting system）：為針對1958年所提出憲法修正案的公民投票，該公民投票與總統選舉同時合併舉行。此公民投票議題為將現有眾議院的選舉方式由單計可轉讓投票的比例代表制改成單一選區、選票不可轉讓制。

1968年10月16日星期三（投票時間為09:00到21:00），

（Formation of Dáil constituencies）：進行眾議院選區劃分時，每個議員選區的選民數差距不得超過全國平均數的1/6，在選區劃分時亦應避免縣市之間界限的重疊。該公民投票與投票制度的公民投票同時舉行。

　　1968年10月16日星期三（投票時間為09:00到21:00），投票制度（Voting system）：將眾議院議員選舉之現有制度改變為（1）單一選區一票制；（2）選區劃分由眾議院轄下新設立之委員會決定；（3）當眾議院被解散時，卸任的眾議院議長得自動當選其所選定選區之第二名眾議員。

　　1986年6月26日星期四（投票時間為09:00到22:00），離婚（Dissolution of marriage）：提議刪除憲法第四十一條三項第二款，該條文規定不允許有任何支持離婚合法化的法律生效。新的提案條文如下：僅當依照憲法規定而設立的法院於下列情況時可以依法判定婚約解除：（1）婚姻失敗；（2）該婚姻失敗持續時間、或累計時間超過五年以上；（3）婚姻雙方已無復合之可能；（4）符合其他法律規定之情況。

　　1992年11月25日星期三（投票時間為09:00到21:00），生命權（Right to life）：在憲法第四十條第三項第三款之後

加入下段文字：除非孕婦患有疾病或身體遭遇不正常情況並且確實足以危及該員生命時，為求保障孕婦之性命安全，終結未出生者之生命才不構成違法。該日尚有其它兩項公民投票案及普選之舉辦。

2001年6月7日星期四（投票時間為08:00到21:00），尼斯條約（Treaty of Nice）：，此為關於尼斯條約批准的第一次公民投票。當日與其他兩項公民投票案共同舉辦。

2002年3月6日星期三（投票時間為09:00到21:00），墮胎（Abortion）：關於憲法中墮胎相關規定之修正。

2008年6月12星期四（投票時間為07:00到22:00），里斯本條約（Lisbon Treaty）：關於里斯本條約第一次之公民投票批准。

附錄五
南蘇丹公民投票簡要大事紀

2004年5月	蘇丹政府與名為「蘇丹人民解放運動」（Sudanese People's Liberation Movement，簡稱SPLM）的南方叛軍集團同意終止二十多年來的內部衝突，進行權力共享的和平計畫安排。
2005年1月	蘇丹政府與南方叛軍簽署「全面性和平協議」（Comprehensive Peace Agreement，簡稱CPA），主要內容包括永久停火、南北財富與權力共享安排、以及南方自治政府的成立。
2005年7月	新憲法賦予南蘇丹相當程度的自治權，前南方叛軍領袖John Garang被任命為蘇丹第一副總統。John Garang次月於一場空難中喪生。
2005年9月	採行南北權力分享機制的統一政府在蘇丹首都喀土穆（Khartoum）成立。
2005年10月	南蘇丹自治政府成立。
2007年10月	南蘇丹退出統一政府，理由是2005年的全面性和平協議沒有獲得落實。
2008年3月	阿拉伯民兵與南蘇丹軍隊在阿卜耶伊（Abyei）地區發生衝突。
2008年4月	展開全國性普查，該普查為和平協議中關於進行民主選舉與公民投票舉辦的必要程序。
2008年5月	阿卜耶伊市爆發武力衝突。
2008年6月	蘇丹總統巴席爾（Omar al-Bashir）與南蘇丹領袖基爾（Salva Kiir）都同意對阿卜耶伊採取國際仲裁。

2009年6月	南蘇丹領袖暨統一政府第一副總統警告若有戰事發生時他準備對北方動武。
2009年12月	南北領袖對於南蘇丹公民投票達成協議，該公民投票預計於2011年舉辦。
2010年1月	巴席爾表示將接受公民投票結果，即使結果是南蘇丹獨立。
2010年4月	巴席爾在選舉爭議之中贏得自1986年以來首度蘇丹總統大選。
2010年10月	南蘇丹公民投票時間敲定為2011年1月9日。
2010年11月	公民投票選民登記作業開始。
2011年1月9日	南蘇丹獨立公民投票開始。
2011年2月7日	南蘇丹公民投票委員會提出公民投票結果報告，在97.58%的投票率下，支持獨立的有98.83%，贊成統一的有1.17%。

Do觀點39　PF0188

公民投票制度與國際間公投案例

作　　者／王思為
責任編輯／鄭伊庭
圖文排版／周政緯
封面設計／蔡瑋筠

出版策劃／獨立作家
發 行 人／宋政坤
法律顧問／毛國樑　律師
製作發行／秀威資訊科技股份有限公司
　　　　　地址：114 台北市內湖區瑞光路76巷65號1樓
　　　　　電話：+886-2-2796-3638　傳真：+886-2-2796-1377
　　　　　服務信箱：service@showwe.com.tw
展售門市／國家書店【松江門市】
　　　　　地址：104 台北市中山區松江路209號1樓
　　　　　電話：+886-2-2518-0207　傳真：+886-2-2518-0778
網路訂購／秀威網路書店：https://store.showwe.tw
　　　　　國家網路書店：https://www.govbooks.com.tw

出版日期／2016年4月　BOD一版　定價／280元

|獨立|作家|
Independent Author

寫自己的故事，唱自己的歌

公民投票制度與國際間公投案例 / 王思為著 -- 一版. --
臺北市：獨立作家, 2016.04
　　面；　公分. -- (Do觀點39)
BOD版
ISBN 978-986-92963-9-7(平裝)

1. 公民投票　2. 比較研究

572.63　　　　　　　　　　　　　　　105007046

國家圖書館出版品預行編目

讀 者 回 函 卡

感謝您購買本書,為提升服務品質,請填妥以下資料,將讀者回函卡直接寄回或傳真本公司,收到您的寶貴意見後,我們會收藏記錄及檢討,謝謝! 如您需要了解本公司最新出版書目、購書優惠或企劃活動,歡迎您上網查詢或下載相關資料:http:// www.showwe.com.tw

您購買的書名:＿＿＿＿＿＿＿＿＿＿＿＿＿＿＿＿＿＿＿＿＿＿＿

出生日期:＿＿＿＿年＿＿＿＿月＿＿＿＿日

學歷:□高中 (含) 以下　　□大專　　□研究所 (含) 以上

職業:□製造業　□金融業　□資訊業　□軍警　□傳播業　□自由業
　　　□服務業　□公務員　□教職　　□學生　□家管　　□其它＿＿＿

購書地點:□網路書店　□實體書店　□書展　□郵購　□贈閱　□其他

您從何得知本書的消息?

　□網路書店　□實體書店　□網路搜尋　□電子報　□書訊　□雜誌

　□傳播媒體　□親友推薦　□網站推薦　□部落格　□其他＿＿＿＿＿

您對本書的評價:(請填代號　1.非常滿意　2.滿意　3.尚可　4.再改進)

　封面設計＿＿　版面編排＿＿　內容＿＿　文／譯筆＿＿　價格＿＿

讀完書後您覺得:

　□很有收穫　□有收穫　□收穫不多　□沒收穫

對我們的建議:＿＿＿＿＿＿＿＿＿＿＿＿＿＿＿＿＿＿＿＿＿＿＿＿

＿＿＿＿＿＿＿＿＿＿＿＿＿＿＿＿＿＿＿＿＿＿＿＿＿＿＿＿＿＿＿

＿＿＿＿＿＿＿＿＿＿＿＿＿＿＿＿＿＿＿＿＿＿＿＿＿＿＿＿＿＿＿

＿＿＿＿＿＿＿＿＿＿＿＿＿＿＿＿＿＿＿＿＿＿＿＿＿＿＿＿＿＿＿

11466
台北市內湖區瑞光路 76 巷 65 號 1 樓
獨立作家讀者服務部　　　　收

⋯⋯⋯⋯⋯⋯⋯⋯⋯⋯⋯⋯⋯⋯⋯⋯⋯⋯⋯⋯⋯⋯⋯⋯⋯⋯⋯⋯⋯⋯⋯⋯⋯⋯⋯⋯⋯

（請沿線對折寄回，謝謝！）

姓　　名：＿＿＿＿＿＿＿＿＿＿　年齡：＿＿＿＿＿　性別：□女　□男

郵遞區號：□□□□□

地　　址：＿＿＿＿＿＿＿＿＿＿＿＿＿＿＿＿＿＿＿＿＿＿＿＿＿＿＿＿＿＿＿

聯絡電話：(日) ＿＿＿＿＿＿＿＿＿＿＿＿＿　(夜) ＿＿＿＿＿＿＿＿＿＿＿＿＿

E-mail：＿＿＿＿＿＿＿＿＿＿＿＿＿＿＿＿＿＿＿＿＿＿＿＿＿＿＿＿＿＿＿